SHODENSHA
SHINSHO

蘇我氏と馬《うま》飼《かい》集団の謎

平林章仁

祥伝社新書

序――日本に二つしか現存しない水田

まず、写真1（5ページ）をご覧いただきたい。中心から外に向かって同心円紋状に稲が植えられており、一般的な水田とは、稲の植え方がまったく異なる。

筆者は農家で育ったが、当時は機械化以前であり、その手間と労力は筆舌に尽くしがたい。初夏の田植えと秋の稲刈りは短期間に労働力を集約しなければならず、機械が普及するまで、近隣や親戚間で相互扶助《ふじょ》のしくみが存在したし、田植えが終わると、稲の花が咲くまで施肥《せひ》（追《お》い肥《ご》え）や除草に移るが、それは稲苗《いななえ》の間を縫《ぬ》って行なう、つらい作業であった。

これらをできる限り効率的に進めるために、農家は合理的な栽培法を工夫してきたが、その一つが正条《せいじょう》植《う》えである。地域によって異なるが、田植え用の型枠《かたわく》を用い、あるいは棕櫚《しゅろ》縄《なわ》を張って泥田に直線の目印をつけ、上下・左右が直線になるよう稲苗を植える。このような手間を考えれば、同心円紋状に稲を植えることなど、とうてい考えられない。ここには、経済的効率性や合理性とはまったく別な理由、より重い意味が存在したに違いない。

この同心円紋状に稲苗の植えられた水田を「車田《くるまだ》」と称するが、これはその形状からの名称であり、本来の呼称であったかは明らかでない。車田は村おこしなどで近年に導入したものを除けば、全国に二カ所、岐阜県高山市《たかやまし》松之木町《まつのきちょう》と新潟県佐渡市《さどし》北鵜島《きたうしま》にしか存在しない。非常に貴重なものである。

ところで、馬や馬飼《うまかい》（馬の飼育・調教）をめぐる文化を「馬匹《ばひつ》文化」というが、巨大豪族の蘇我氏が馬飼集団・馬匹文化と深い関係にあったことを探る手がかりとなるのが、この車田である（第三章で詳述）。

蘇我氏は、二十八代宣化《せんか》天皇元（五三六）年に稲目宿禰《いなめのすくね》が大臣《おおおみ》（ヤマト王権の執政官）に任じられてから、六四五年の乙巳《いつし》の変で蝦夷《えみし》・入鹿《いるか》が滅ぼされる一〇〇年あまり、大臣として名代《なしろ》（生産物貢納と労働力提供の義務を負う王権支配下の人民で、主に五世紀代の天皇・王族らの名を冠して〇〇部《べ》と称された）・屯倉《みやけ》（王権の領有地）・国造《くにのみやつこ》（名代や屯倉が設置されているクニという領域を統轄する地方官で、地方豪族が任命された）の設置・任命など集権的な地方支配体制を中心にした、原初的な官司制《かんしせい》（役所と役人

写真1 車田《くるまだ》

岐阜県高山市松之木《まつのき》町所在。周囲は正条植えだが、この田のみ同心円紋状に植えられている

のしくみ）を創出して政治制度の整備を進め、ヤマト王権を主導した。

また、蘇我氏出身の多くの女性を后妃《きさき》として入内《じゅだい》させて王家の外戚《がいせき》となり、時には天皇位の継承を左右するなど、専権的な振る舞いもあったと伝えられる。

さらに、倭漢《やまとのあや》氏らの渡来系氏族とも親しく、逸早《いちはや》く仏教信仰を受容。わが国最初の本格的伽藍《がらん》である飛鳥寺《あすかでら》（法興寺《ほうこうじ》）を創建したのをはじめ、海外からの新文化導入に積極的で、進取に富む開明的な氏族と評されてきた。

したがって、蘇我氏は、古代氏族研

究ではもっとも早くに取り上げられ、多くの成果が績《つむ》がれてきた。しかし、未解明の重要問題も少なからず存在している。

本書では、蘇我氏の台頭と二十六代継体《けいたい》天皇即位との関連、蘇我氏と馬飼集団・馬匹文化の関係、蘇我氏系の有力王族・聖徳太子《しょうとくたいし》の非実在説などの諸問題について、特に「蘇我氏と馬」の視点から解明していきたい。どうか、最後までおつきあいいただきたい。

平林《ひらばやし》 章仁《あきひと》

目次

序――日本に二つしか現存しない水田　3

第一章　蘇我氏の発祥

ヤマト王権内部の変化　16
史料解釈の限界　17
ヤマト王権と対立したのか　19
蘇我氏の系譜　22
蘇我満智《まち》の執政官任命は事実か　26
「蘇我氏渡来人説」を検証する　31
蘇我氏と王権のクラ　35
祭祀《さいし》氏族・忌部《いんべ》氏　38

蘇我韓子《からこ》の朝鮮半島出兵　43
騎馬で戦った蘇我韓子　47
「韓子」は何を意味するか　50

第二章　蘇我氏の台頭と発展

二十五代武烈《ぶれつ》天皇と王統断絶　54
「二十六代継体《けいたい》天皇は応神《おうじん》天皇の五世孫」は事実か　57
女系での継承　63
継体天皇の三つの没年　66
仏教公伝の謎　70
仏教公伝・五三八年説　74
仏教公伝・五四八年説　76
「辛亥《しんがい》の変」は存在したか　78
継体天皇即位前に行なわれた交渉　82

継体天皇即位の条件　85
巧妙な新政策　89
多発する事件　92
蘇我稲目《いなめ》の大臣《おおおみ》就任は、何を意味するか　94
大臣・大連《おおむらじ》と、その任命について　97
許勢《こせ》氏の大臣任命は捏造《ねつぞう》か　100
葛城《かつらぎ》氏の滅亡と五・六世紀の政治状況　104
蘇我氏が「葛城」の地に執着した理由　107
崇峻《すしゅん》天皇殺害は、蘇我馬子《うまこ》の意思か　111
異例ずくめの女帝・皇極《こうぎょく》天皇　113
王家(天皇家)と蘇我氏の妥協　117

第三章　馬飼《うまかい》集団の謎

蘇我氏を称《たた》えた、推古《すいこ》天皇の歌　120

馬匹《ばひつ》文化の先進地域・九州　122
日向国《ひゅうが》への集中　126
大和《やまと》国と日向国の興味深い符合　128
馬飼集団・平群《へぐり》氏　132
額《ひたい》に旋毛《つむじ》を持つ額田馬《ぬかたうま》　136
馬飼集団・河内《かわち》馬飼　140
遺跡から出土する馬具の数々《かずかず》　144
日下《くさか》と日向の結びつき　146
隼人《はやと》の楯《たて》　149
楯の紋様《もんよう》は何を表わすのか　152
肥人《くまひと》の髪型　156
馬の額髪《ぬかがみ》飾り　160
隼人の楯＝隼人馬の額《ひたい》？　163

第四章　車田《くるまだ》と渦巻《うずまき》紋様の謎

額田《ぬかた》=車田　166
車田=町田《まちだ》　168
「町《まち》」の呪術宗教的意味　170
屋根の上の渦巻紋様　175
渦巻紋様は何を意味するか　178
蘇我氏と馬飼集団　181
『紀』の未解明所伝　184
倭《やまと》馬飼・淹知造《あむちのみやつこ》氏　187
蘇我馬子の実名は「蘇我馬《うま》」だった　189

第五章　「聖徳太子非実在説」を検証する

誕生伝承と非実在説　194
これまでの聖徳太子研究　195

最初の聖徳太子非実在説　199
聖徳太子非実在説への批判1　201
聖徳太子非実在説への批判2　203
「豊聡耳《とよとみみ》」は何を意味するか　206
「上宮《かみつみや》」＝斑鳩《いかるが》宮説　207
「上宮」は何を意味するか　210
「廐戸《うまやと》」は何を指すか　214
『紀』からみた聖徳太子　215
聖徳太子と馬司《うまのつかさ》　217
長屋《ながや》王と馬司　220
馬飼集団・大豆造《まめのみやつこ》氏　222
聖徳太子と鵤荘《いかるがのしょう》の結びつき　225
生石《おうしこ》神社の「石《いし》の宝殿《ほうでん》」　227
聖徳太子の周囲の馬飼集団　230

斑鳩宮の馬の骨　233

終　章　その後の蘇我氏

蘇我氏の最盛期　238
古代氏族の終焉《しゅうえん》と律令制　241

おわりに　244
参考文献　246

付記

引用史料は、『古事記』『日本書紀』は日本古典文学大系、『続日本紀』は新日本古典文学大系、『新撰姓氏録』は佐伯有清『新撰姓氏録の研究』考證篇、『古語拾遺』は岩波文庫を使用した。他の史料は、その都度出典を記した。引用文は、長文・難解なものは筆者による口語訳や要旨を記し、旧かなづかいを現行のものに、一部の漢字をひらがなに改め、ふりがなを付し、句読点は一部加除した。表記の統一をはかるために、天皇号成立以前の倭国王にも天皇号を用いたが、その時代の天皇号の存在を認めているわけではない。ウマヤは俗字「厩」ではなく、引用史料も含め「廏」で統一した。本文中の研究者名・著者名および出典は末尾の参考文献を参照されたい（筆者）。

系譜作成
篠 宏行

系譜出所
すべて著者

図出所
1／『みかん山古墳群第一次発掘調査報告書』（東大阪市文化財協会編）

写真出所
7／『平城宮発掘調査報告』IX（奈良国立文化財研究所編）
8／『日向・薩摩・大隅の原像』（大阪府立弥生文化博物館編）
9／『木棺と木簡』（香芝市二上山博物館編）
10／『はにわの動物園』II（奈良県立橿原考古学研究所附属博物館編）
13／『装飾古墳が語るもの』（国立歴史民俗博物館編）
上記以外すべて著者

第一章　蘇我氏の発祥

ヤマト王権内部の変化

古代氏族とは、ヤマト王権からその権力構成員《メンバー》として認定された政治的集団である。律令制成立以前のヤマト王権は、官司制・官僚制が未熟であったため、氏族が政務を分担・執行していた。氏族らが王権の権力を分掌《ぶんしょう》して、その運営を担《にな》っていたのである。王権の基本的方針は、倭《わ》国王＝天皇の下《もと》に集結した執政官である大臣《おおおみ》・大連《おおむらじ》と、群臣《まえつきみ》と称されたそれに次ぐ有力氏族らの合議で決められ、それを天皇が許認するしくみであった。したがって、古代氏族の研究とは、律令制以前のヤマト王権の実態の解明でもある。

蘇我氏について描く場合、関連史料が増えて信憑性《しんぴょうせい》も高くなる稲目宿禰《いなめのすくね》（蘇我氏ではじめて大臣となった）以降を対象とするのが一般である。しかし、その発祥と台頭を対象とする本章では、関連史料は僅少《きんしょう》であるが、前史から述べる必要がある。

その際の最初の課題は、宣化天皇の父である二十六代継体天皇の即位をめぐる、歴史的状況の解明である。『日本書紀《にほんしょき》』（以下『紀』）によれば、五〇七年に即位した継体天皇は、次のように王統系譜の上では、前後に類例をみない特別な人物であった。

男大迹《おほど》天皇（更《また》の名は彦太尊《ひこふとのみこと》）は、誉田《ほむだ》天皇の五世《いつつぎ》の孫《みまご》、彦主人《ひこうし》王の子なり。母《いろは》を振媛《ふりひめ》と曰《もう》す。振媛は、活目《いくめ》天皇の七世の孫なり。

すなわち、継体（男大迹）天皇は、父系では十五代応神《おうじん》（誉田）天皇五世の孫で、彦主人王の子であり、母系では十一代垂仁《すいにん》（活目）天皇の七世孫という、天皇位からは相当に疎遠な王族だった。『古事記《こじき》』（以下『記』）も同じく「品太《ほむだ》王五世孫」と記しているが、前後に例をみない王族の即位は、時の王権内部に大きな問題が生起《せいき》していたことを示唆《しさ》している。

史料解釈の限界

近年、学校教育は大きく改変され、教師は白墨《チョーク》一本、学生は耳を傾《かたむ》けてひたすら筆記するという、筆者が半世紀前に体験したような講義は影をひそめた。教科書や副読本も多様になったが、その一つ『大学の日本史　1古代』（佐藤信編）の第五章「大王と地方豪族」に、次の記述がある。

倭王権には男大迹（継体）の即位を認めない勢力も多かったため、男大迹は容易には大倭《やまと》に入らず、淀《よど》川水系に沿った宮を長いあいだ転々としていたと伝えられている。

教科書としての使用を前提として出版される書籍は、定説もしくは通説に依拠し、中立・公正を旨《むね》として執筆されるのが一般である。即位を認めない抵抗勢力も多かったため、継体天皇は大倭に入らずに王宮を転々とさせた――も通説的記述であり、読み手もそうした意識で理解するであろう。

王宮移動のことは『紀』に、継体天皇は元（五〇七）年二月に樟葉宮《くすは》（河内国交野《かわちかたの》郡、現・大阪府枚方市樟葉《ひらかたくずは》）で即位し、五年十月に山背筒城宮《やましろのつつき》（山城国綴喜《やましろつつき》郡、現・京都府京田辺市《きようたなべ》）、十二年三月には弟国宮《おとくに》（山城国乙訓《おとくに》郡、現・京都府向日市と長岡京市《むこうながおかきよう》）に遷《うつ》り、二十年九月に磐余玉穂宮《いわれのたまほ》（大和国十市郡と城上郡《やまととおちしきのかみ》、現・香具山東方の奈良県橿《かぐかし》原《はら》市と桜井《さくらい》市）に遷った、とあることに依拠している。さらに『紀』の異伝「一本《あるふみ》」は、磐余玉穂宮に遷ったのは七年であるという異説を載《の》せている。

しかし、『紀』が「倭王権には男大迹（継体）の即位を認めない勢力も多かったため、男大迹は容易には大倭《やまと》（奈良県）に入ら」なかったことを、記しているわけではない。王宮を頻繁に移動させたことの理由について、『紀』は何の説明もしていないのである。

要するに、「継体天皇の即位を認めない勢力も多かった」というのは、『紀』を読む側の解釈・推測に過ぎない。これが通説的な理解であろうが、継体天皇即位後の王権内部に深い対立があったか否《いな》かについては、蘇我氏の台頭とも関わって、関連所伝の具体的な分析が必要である。すなわち、史料解釈には自《おの》ずと限界があり、通説・定説といえども鵜呑《うの》みにしてはならない。

ヤマト王権と対立したのか

『記』『紀』を用いて、わが国古代の歴史像を描くことは、その所伝の信憑性とも関わって困難な面が少なくない。畢竟《ひっきょう》、考古学や古代文学などの成果も援用しながら、推察に頼らざるを得ないが、少なくとも三十三代推古《すいこ》天皇（在位五九二～六二八年）前後からは、『紀』の記事の信頼性は向上する。

この時期に、古代国家の進展と古代社会の文明化に大きな役割をはたした蘇我氏は、氏族研究の中心に位置しており、蘇我氏の研究は、律令制以前の古代国家の形成と変遷過程の研究であるともいえる。それゆえ、早くから多方面で取り組まれ、先行研究も群を抜いて多いが、ここで、筆者の基本的立場について述べておきたい。

まず、乙巳《いっし》の変の通説的解釈に象徴される「王家と対立した蘇我氏」ではなく、「王権の体制内存在としての蘇我氏」という視点から、分析と考察を進める。これは、『紀』は天皇を中心とする律令国家形成の正当性の主張という特別な視点にもとづき、意図《いと》的な蘇我氏像（悪役）を描いているとみなす立場には、与《くみ》しないということである。

その理由のひとつに、『紀』の編纂・成立期においても、主要な王族の多くが、色濃《いろこ》く蘇我氏の血を継承していることがある。

近年の分析によれば、血脈上の蘇我氏濃度は四十一代持統《じとう》天皇（在位六八六～六九七年）が二分の一、四十三代元明《げんめい》天皇（在位七〇七～七一五年）も二分の一、四十四代元正《げんしょう》天皇（在位七一五～七二四年）が八分の三である（倉本二〇一五）。このことから、蘇我氏関連の所伝や系譜が、『紀』の編纂時期に特別な意図にもとづいて大幅な改変・捏造《ねつぞう》がなされた、あるいはそれが可能であったとは思われない。また、蘇我氏理解において、『紀』の論法という、特別な立場からの分析が、有効であるとは考えられないのである。

古代史料の信憑性だけでなく、先《さき》の世《よ》の史実がのちの世の認識を媒介《ばいかい》して伝えられる、すなわち歴史記述、史書編纂そのものが、のちの世の営《いとな》みであることからすれば、いくら客観的であるように努めても、記述の変容は時代を問わずに起こり得る。また、撰述時の社会の情況や思潮に適《かな》うよう、さらには史書として権威が獲得できるように、文飾《ぶんしょく》を施《ほどこ》し権威的な文章で表現することは、むしろ当然と考えられていた。

重要なことは、古代人の心意《しんい》や古代社会の実態などにも目を配り、記事の伝える事柄の歴史的背景を汲《く》み取ることに努め、古代史像の復原に有効に活用することである。

蘇我氏の系譜

古代史上の重要性や、その活躍とは裏腹に、蘇我氏の発祥については定かではない。八代孝元《こうげん》天皇記の建内宿禰《たけしうちのすくね》後裔《こうえい》系譜には、次のように記されている。（ ）内はその後裔氏族である。

波多八代《はたのやしろ》宿禰（波多臣・林《はやし》臣・波美《はみ》臣・星川《ほしかわ》臣・淡海《おうみ》臣・長谷部《はせべ》君）
許勢小柄《こせのおから》宿禰（許勢臣・雀部《さざきべ》臣・軽部《かるべ》臣）
蘇賀石河《そがのいしかわ》宿禰（蘇我臣・川辺《かわのへ》臣・田中《たなか》臣・高向《たかむこ》臣・小治田《おはりだ》臣・桜井《さくらい》臣・岸田《きしだ》臣）
平群都久《へぐりのつく》宿禰（平群臣・佐和良《さわら》臣・馬御樴《うまみくい》連）
木角《きのつぬ》宿禰（木《き》臣・都奴《つぬ》臣・坂本《さかもと》臣）
久米能摩伊刀比売《くめのまいとひめ》
怒能伊呂比売《ののいろひめ》

葛城長江曾都毘古《かつらぎのながえのそつびこ》（玉手臣《たまて》・的臣《いくは》・生江臣《いくえ》・阿芸那臣《あぎな》）

若子宿禰《わくご》（江野財臣《えののたから》）

しかしこれは、五世紀頃の政治的関係を同族関係に置き直した擬制的《ぎせいてき》なものである。当時の氏族（前身集団）の関係を考察する際には参考になるが、必ずしも血縁上の同祖同族関係を示すものではない。ちなみに、建内宿禰は孝元天皇の孫、比古布都押之信命《ひこふつおしのまことのみこと》の子（母は紀《き》氏の山下影日売《やましたかげひめ》）と伝えられる。

蘇我氏の首長《しゅちょう》系譜は、歴代の公卿《くぎょう》を列記した『公卿補任《くぎょうぶにん》』、奈良時代末頃に撰述された紀氏の氏族志《うじぞくし》『紀氏家牒《きうじかちょう》』逸文《いつぶん》などから、次のように復原される（田中卓一九八六）。

建内（武内）宿禰─蘇我石河宿禰─蘇我満智《まち》（麻智）宿禰─蘇我韓子《からこ》宿禰─蘇我高麗《こま》（馬背《うませ》）宿禰─蘇我稲目宿禰─蘇我馬子《うまこ》宿禰─蘇我蝦夷《えみし》宿禰─蘇我入鹿《いるか》

また、全体的な関連系譜は系譜1のように復原される。蘇我氏三代あるいは蘇我氏四代などと称されるように、信憑性が高くなるのは稲目・馬子宿禰以降である。関連史料が僅少なこともあって、蘇我高麗（馬背）宿禰以前については、ほとんど触れられることがなかった。

系譜1　蘇我氏の略系譜

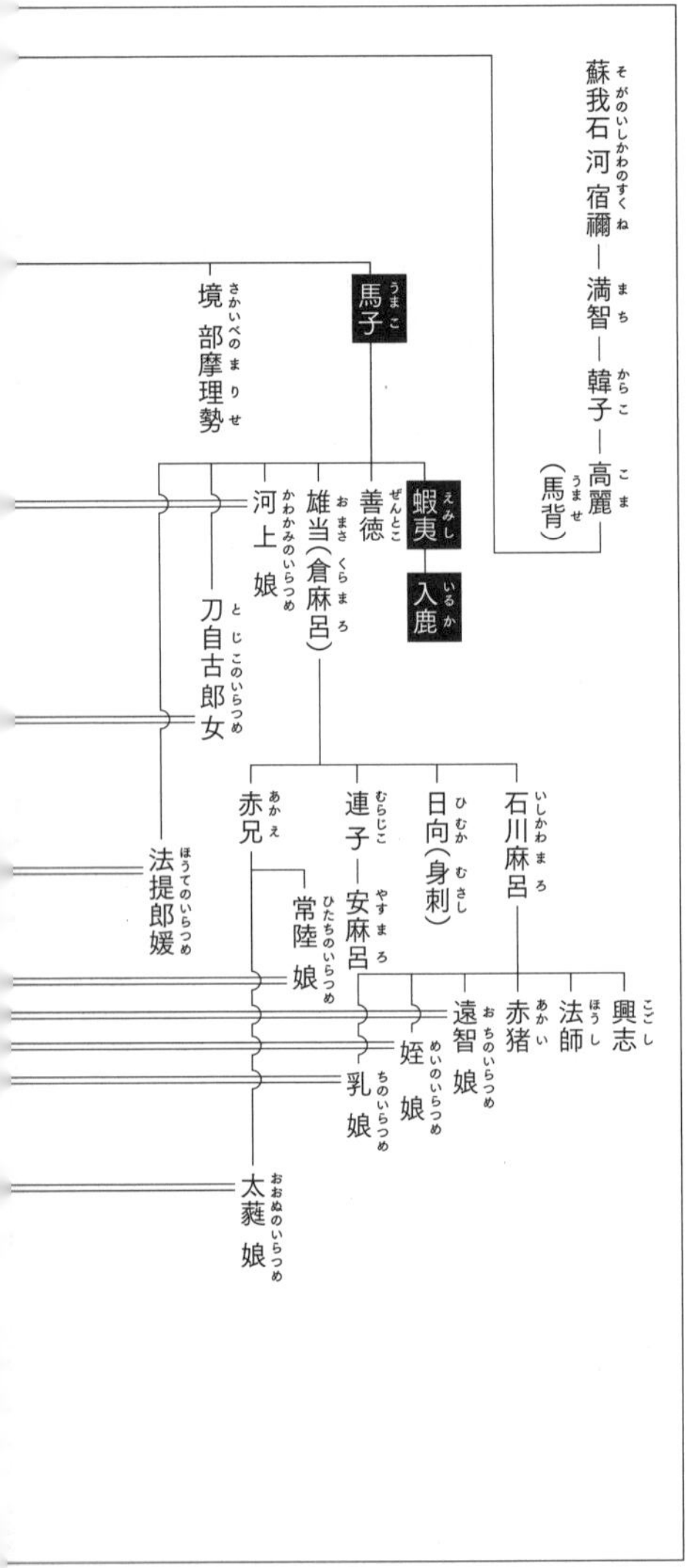

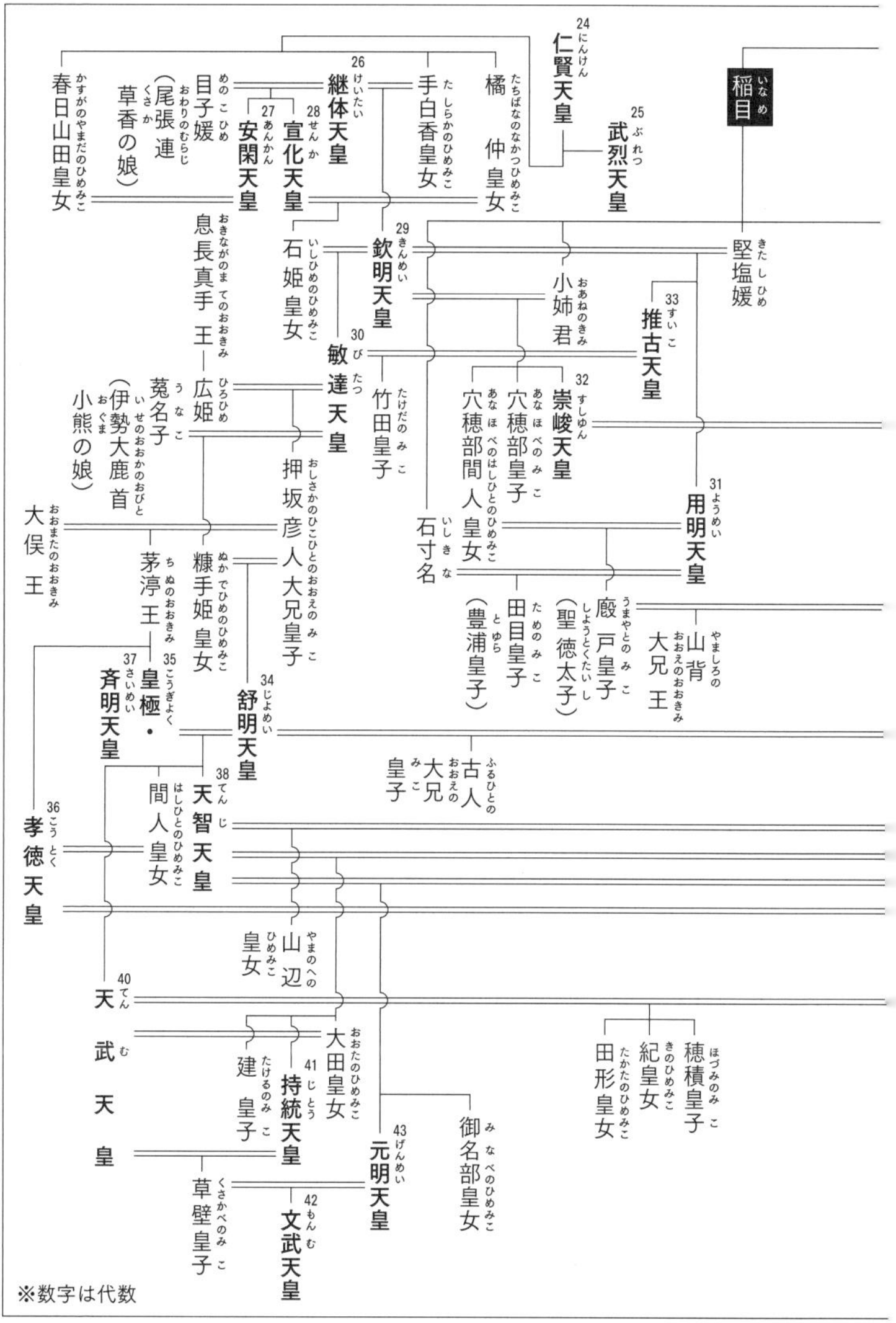
24 仁賢天皇《にんけん》
25 武烈天皇《ぶれつ》
稲目《いなめ》
26 継体天皇《けいたい》
橘仲皇女《たちばなのなかつひめみこ》
手白香皇女《たしらかのひめみこ》
目子媛《めのこひめ》
（尾張連《おわりのむらじ》
草香《くさか》の娘）
春日山田皇女《かすがのやまだのひめみこ》
27 安閑天皇《あんかん》
28 宣化天皇《せんか》
29 欽明天皇《きんめい》
石姫皇女《いしひめのひめみこ》
堅塩媛《きたしひめ》
小姉君《おあねのきみ》
33 推古天皇《すいこ》
30 敏達天皇《びたつ》
息長真手王《おきながのまてのおおきみ》
広姫《ひろひめ》
菟名子《うなこ》
（伊勢大鹿首《いせのおおかのおびと》
小熊《おぐま》の娘）
竹田皇子《たけだのみこ》
穴穂部皇子《あなほべのみこ》
穴穂部間人皇女《あなほべのはしひとのひめみこ》
32 崇峻天皇《すしゅん》
31 用明天皇《ようめい》
押坂彦人大兄皇子《おしさかのひこひとのおおえのみこ》
大俣王《おおまたのおおきみ》
茅渟王《ちぬのおおきみ》
糠手姫皇女《ぬかでひめのひめみこ》
石寸名《いしきな》
田目皇子《ためのみこ》
（豊浦皇子《とゆら》）
厩戸皇子《うまやとのみこ》
（聖徳太子《しょうとくたいし》）
山背大兄王《やましろのおおえのおおきみ》
34 舒明天皇《じょめい》
35 皇極《こうぎょく》・
37 斉明天皇《さいめい》
古人大兄皇子《ふるひとのおおえのみこ》
36 孝徳天皇《こうとく》
38 天智天皇《てんじ》
間人皇女《はしひとのひめみこ》
山辺皇女《やまのへのひめみこ》
40 天武天皇《てんむ》
大田皇女《おおたのひめみこ》
建皇子《たけるのみこ》
41 持統天皇《じとう》
43 元明天皇《げんめい》
御名部皇女《みなべのひめみこ》
穂積皇子《ほづみのみこ》
紀皇女《きのひめみこ》
田形皇女《たかたのひめみこ》
草壁皇子《くさかべのみこ》
42 文武天皇《もんむ》
※数字は代数

しかし、稲目宿禰が突然活動するわけではなく、埼玉県行田市《ぎょうだ》の稲荷山《いなりやま》古墳出土鉄剣に刻《きざ》まれた八代の系譜（57〜58ページで詳述）の存在からも、その半世紀あまりのちに大臣に任命される有力氏族が祖先系譜も保有せず、前身も詳《つまび》らかでなかったとは考えられない。

蘇我満智《まち》の執政官任命は事実か

『記』『紀』における、蘇我氏関連の記事すべてを史実とするのではないが、蘇我満智・韓子・高麗らについてはじめから否定的にとらえるのではなく、所伝の歴史的背景なども含めて、分析・考察の対象とするべきである。

蘇我氏が大臣に任命されるのは宣化朝の稲目宿禰からであるが、蘇我氏の執政官任命記事は、五世紀前半にあてられる十七代履中《りちゅう》天皇紀二年条にみえる。

冬十月に、磐余《いわれ》に都《みやこ》つくる。是《こ》の時に当《あた》りて、平群木菟宿禰《へぐりのつくのすくね》・蘇賀満智《そがのまち》宿禰・物部伊莒弗大連《もののべのいこふつのおおむらじ》・円《つぶらの》（円、此《これ》をば豆夫羅《つぶら》と云《い》う）大使主《おおみ》、共《とも》に国事《くにのこと》を執《と》れり。

十一月、磐余池を作る。

もちろん、所伝そのままの事実があったとするのは躊躇《ちゅうちょ》されるが、ここに蘇賀満智宿禰を載せたのは、何らかの意図があったと思われる。

まず、実在か否《いな》かは別にして、国事を執った四名の称号に着目すると、宿禰・大連・大使主の三種に分かれる。宿禰の称は、「辛亥《しんがい》年（四七一年）」と刻まれた稲荷山古墳出土鉄剣の金象嵌銘文《きんぞうがんめいぶん》に、「比垝《ひこ》（彦）」「獲居《わけ》（別）」などとともに「足尼《すくね》」とあるから、五世紀後半には確かに使用されていた。

平群木菟宿禰は、先の建内宿禰後裔系譜に、平群氏や佐和良氏らの祖として平群都久宿禰と記されている。また、仁徳《にんとく》天皇紀元年正月己卯《きぼう》条の、仁徳天皇の大鷦鷯尊《おおさざきのみこと》という名の起源に関わる説話にも、その相手として平群氏の始祖木菟宿禰がみえる。

物部伊莒弗大連は、京・畿内《きない》一一八二氏の系譜を収めて弘仁《こうにん》六（八一五）年に成立した『新撰姓氏録《しんせんしょうじろく》』右京神別《うきょうしんべつ》上の依羅連《よさみのむらじ》氏条や河内国神別の高橋連氏条には伊己《いこ》布都大連《ふつのおおむらじ》、山城国神別の巫部連《かんなきべのむらじ》氏条には伊己布都乃連公《いこふつのむらじのきみ》、物部氏系の古伝承などを集めて平安初期に成立した『先代旧事本紀《せんだいくじほんぎ》』天孫本紀《てんそんほんぎ》には、物部伊莒弗連公《いこふつのむらじのきみ》とみえる。

このように、彼は、大連を出す物部氏の祖の一人として伝えられた人物である。ただし、彼の大連の職位は、のちのことを遡《さかのぼ》らせて記した可能性が高く、史料的評価としては木菟宿禰と同様である。

円大使主は、二十代安康《あんこう》天皇記に次のような話が記されている。

父の大日下《おおくさか》王（仁徳天皇の子）を殺され、母の長田大郎女《ながたのおおいらつめ》も奪われた目弱《まよわ》王は、敵の安康天皇を殺害して都夫良意富美《つぶらのおおみ》の家に逃げ入った。これに対して、大長谷《おおはつせ》王（のちの雄略《ゆうりやく》天皇）は軍を出して攻撃したので、都夫良意富美が娘の訶良比売《からひめ》と五処《いつところ》の屯宅《みやけ》（のちの葛城《かつらぎ》の五村《いつむら》の苑人《そのひと》）を贖罪《しよくざい》に差し出したが許されず、終《つい》には目弱王とともに自害した。

二十一代雄略天皇即位前紀にも同類の所伝が載り、結末は円大臣《つぶらのおおおみ》（都夫良意富美）・眉輪王《まよわ》（目弱王）・坂合黒彦皇子《さかいのくろひこ》（雄略天皇の弟）がともに焼き殺されたとある。円大使主（円大臣）は、雄略天皇紀元年三月是月条《このつき》には葛城円大臣《かつらぎのつぶらのおおみ》とあるから、葛城氏《かつらぎ》の大首長であったことがわかる。『公卿補任』の系譜には、武内宿禰《たけしうち》―葛城襲津彦《そつひこ》―玉田宿禰《たまた》―円大臣とある。

玉田宿禰は、十九代允恭《いんぎょう》天皇紀五年七月条に、死亡した十八代反正《はんぜい》天皇の喪儀を取り仕切る殯宮大夫《もがりのみやのかみ》に任じられたが、職務を怠《なま》けて酒宴に耽《ふけ》っていたので誅殺《ちゅうさつ》されたと記されている。葛城氏・葛城円大臣の滅亡は、ヤマト王権の政治的大変動に連動した事件であった（平林二〇一三）。

ここでの課題の葛城ツブラは、『記』では「都夫良意富美」、『紀』では「円大使主」「円大臣」「葛城円大臣」と、四つの表記がある。

国内製作の出土金文《きんぶん》史料からみて、当時は氏《うじ》の名を冠さないのが一般的である。漢字の音《おん》を用いた『記』の「都夫良意富美」という表記がより原初的で、「円大使主」がそれに続く。それぞれ使用した原史料が違っていた可能性もあるが、氏の名を記す点で葛城円大臣の表記がもっとも新しい。使主《おみ》は、のちには渡来系集団の姓《かばね》にも用いられるが、オオオミを大臣ではなく大使主と表記するのも、原史料の時代性と独自性を示している。

表記上の分析から、氏名を欠き称号が異なることなどから、四名のうち円大使主が他の三名より原初的な所伝と思われる。氏名を冠した三名は、それぞれの氏族伝承などにもとづき、あとから書き加えられた可能性が高い。ただし、そのことと円大使主の人物像は別に検討されなければならない。

たとえば、円大使主が、父・玉田宿禰が史料に現われる以前の履中朝に執政官に任じられたとあること、活躍が履中朝から雄略天皇即位までの長期にわたることなど、疑問がないわけではない。

要するに、履中朝の執政官任命記事は信憑性に問題があり、蘇賀満智宿禰の執政官任命も定かではない。蘇我氏の氏族伝承などにもとづいて、のちに加上《かじょう》された可能性が高い。ただし、次項に引く史料にも名がみえることから、満智宿禰の存在そのものは別に考えなければならない。

「蘇我氏渡来人説」を検証する

蘇我氏の前史が明瞭でないこともあって、蘇我満智（麻智）宿禰に関わり、蘇我氏は渡来人出身であるという主張がある。この蘇我氏渡来人出自《しゅつじ》説は、蘇我氏に関する理解への影響も少なくないので、ここで検討しておこう。

それは、つとに奈良女子大学教授（一九七七年時は京都府立大学教授。以下、肩書きは発表当時）・門脇禎二《かどわきていじ》氏の説くところであり、次の応神天皇紀二十五年条などを拠《よ》り所《どころ》とする（門脇一九七一・一九七七）。

百済《くだら》の直支王《ときおう》薨《みまか》りぬ。即《すなわ》ち、子久爾辛《くにしん》、立ちて王《こきし》と為《な》る。王、年幼《としわか》し。木満致《もくまんち》、国政《くにのまつりごと》を執《と》る。王の母《いろは》と相婬《あいたわ》けて、多《さわ》に無礼《いやなきわざ》す。天皇、聞《きこ》しめして召《め》す。

倭国と関係深い「百済の直支王が亡くなり、子の久爾辛王が即位した。しかし、王が幼年であったので木満致が国政を執り、王母と淫《みだ》らな関係になり、多くの無礼をはたらいた。応神天皇が、それを聞いて召された」という。

さらに、同記事の註に引く『百済記《くだらき》』には、次のようにある。

> 百済記に云《い》わく、木満致は、是木羅斤資《これもくらこんし》、新羅《しらぎ》を討《う》ちし時に、其《そ》の国の婦を娶《ま》きて、生《う》む所なり。其の父の功《いたわり》を以《もつ》て、任那《みまな》に専《たくめ》なり。我が国に来《まいき》入《い》りて、貴国《かしこきくに》に往還《かよ》う。制《のり》を天朝《みかど》に承《うけたまわ》りて、我が国の政を執る。権重《いきおい》、世《よ》に当《あた》れり。然《しか》るを天朝、其の暴《あしき》を聞しめして召すという。

「木満致は、百済の木羅斤資が新羅を討伐した際に新羅の女性を妻として、生まれた。父の功績を理由に、任那（倭国と連携関係にあった）で思うままに権力を振るった。彼がわが百済にやって来て、貴国（倭国）に往還した。天皇の命令を受けているとして、百済の政務を執った。権勢はまさに君主であったが、天朝（倭国王権）がその横暴なことを聞かれて、召致《しょうち》された」という。

門脇氏は、ここにみえる木満致は蘇我満智と名が同じであるから、同一人物である可能性が高い、とする。その上で、一一四五年に高麗《こうらい》の金富軾《きんふしょく》が撰述した高句麗《こうくり》・百済・新羅の歴史書、『三国史記《さんごくしき》』百済本紀の蓋鹵《こうろ》王二十一（四七五）年条に、高句麗・長寿《ちょうじゅ》王からの攻撃が身近に迫るなか、百済・蓋鹵王が子（雄略天皇紀には母弟とある）の文周《もんす》王（汶洲王）に語ったという次の記事（口語訳）に着目している。

> 吾《ちん》が社稷《くに》のために死ぬのは当然であるが、汝《なれ》が此《ここ》に在《あ》りて倶《とも》に死ぬのは無益である。難《なん》を避けて国系《くに》を続《つ》いでほしい、といった。それにより、文周王が木劦満《もくらまん》致《ち》・祖彌桀取《そみけつしゅ》とともに南へ行った。

このことから、百済の文周王と木劦満致は倭国に行った、と解している。

さらに、応神天皇紀二十五年を干支《かんし》三運（一八〇年）繰り下げると四七四年になり、『三国史記』ともほぼ整合するから、応神天皇紀二十五年条の木満致は、『三国史記』百済本紀蓋鹵王二十一年条の木劦（木刕）満致にあてることができると説く。

要するに、百済で失脚した木満致＝木劦満致が倭国に来て蘇我満智（蘇我氏の祖となった）になった、と主張している。

これは一見、説得的にみえる。しかし、『紀』のこのあたりの紀年《きねん》（紀元からの年数）は、干支二運（一二〇年）古く設定されていると解するのが一般であり、応神天皇紀二十五年条の百済の直支王・久爾辛王関連の所伝も、中国南朝・宋《そう》の歴史書『宋《そう》書《じょ》』武《ぶ》帝紀永初《えいしょ》元（四二〇）年七月条の記述などから、従来通り干支二運繰り下げるのが整合的である。干支三運の繰り下げは恣意《しい》的であり、木満致＝木劦満致＝蘇我満智説、すなわち蘇我氏渡来人出自説には無理が大きい（加藤一九八三、坂元一九九〇、水谷二〇〇六）。

木劦（木刕）満致＝蘇我満智であったなら、木劦（木刕）氏と蘇我氏は同族となる。そうならば、継体天皇紀十（五一六）年五月条に、倭国から派遣された物部連《もののべのむらじ》（物部至至連《ちちのむらじ》）らを己汶《こもん》に迎えたとある百済の使者「前部木刕不麻甲背《せんほうもくらふまこうはい》」、欽明《きんめい》天皇紀十五（五五四）年正月丙申《へいしん》条の、筑紫《つくし》に派遣された百済の使者「中部木刕施徳文次《ちゅうほうもくらせとくもんし》」らのことに、蘇我氏が関わっても不思議でないが、そうした記載がいっさいみえないことも、否定的な材料である。

このように、蘇我氏渡来人出自説は成立しないのだが、その論拠でもある「満智（麻智）」の名に触れるところがないので、否定説の説得力も十全《じゅうぜん》でない。「満智（麻智）」の名については、祭儀に関わる宗教的区画を意味する「町《まち》」という古語からの説明も可能であるが、これは第四章で述べる。

蘇我氏と王権のクラ

蘇我満智宿禰の名は、珍しいことに『記』『紀』以外の古代史料にもみえる。蘇我氏の性格を知る上で軽視できないので検討したい。

古代には、日常世俗の営みである政事《せいじ》は、神や霊の時空と考えられた夜の祭事《さいじ》によって支えられていると観念されていた。世俗的権威は、宗教的聖性《せいせい》によって裏打ちされる必要があると信じられていたのである。それゆえ、政治的支配を貫徹するためには、王権自《みずか》らさまざまな神祇祭祀《じんぎさいし》を執《と》り行なう必要があった。

王権が執り行なう祭祀において、幣帛《へいはく》（神への供物《くもつ》）や祭料《さいりよう》（祭祀用品）の調製、祭場の設営などを担ったのが、祭祀氏族である忌部《いんべ》（八〇三年以降は斎部《いんべ》）氏である。

斎部広成《ひろなり》が、神祇《じんぎ》関係の所伝を集めて大同《だいどう》二（八〇七）年に撰述した『古語拾遺《こごしゅうい》』に、雄略朝に渡来系の秦《はた》氏が太秦《うずまさ》と賜姓されたことに続けて、次のような記載がある。

更《さら》に大蔵《おおくら》を立てて、蘇我麻智《まち》宿禰をして三蔵《みつのくら》（斎蔵《いみくら》・内蔵《くら》・大蔵《おおくら》）を検校《しら》しめ、秦氏をして其《そ》の物を出納《あげおろし》せしめ、東《やまと》・西《かわち》の文《ふみ》氏をして、其の簿《しるしぶみ》を勘《かんが》え録《しる》さしむ。

雄略朝に、蘇我麻智（満智）宿禰に、王権のクラである斎蔵・内蔵・大蔵を統轄させたという。王権の収納機関のクラが内蔵と大蔵に分立するのは、七世紀中頃以降のことであるから（石上一九七八）、記事そのままの史実があったとは考えられない。しかし、この所伝から、ある時期に王権のクラに参与したという蘇我氏の主張は認められよう。また、斎部氏の氏族誌に、蘇我氏や秦氏らの関連所伝がみえることにも留意する必要がある。

蘇我氏と王権のクラとの関係を示す事柄としては、欽明天皇記にみえる「宗賀之倉《そがのくら》王」（母は春日《かすがの》日《ひ》爪臣《つまのおみ》の娘・糠子郎女《ぬかごのいらつめ》）が知られる。宗賀之倉王は、宣化天皇の娘の日影《ひかげ》皇女と母が異なるが、欽明天皇紀二年三月条にみえる「倉《くら》皇子」と同一人物であろう。天平《てんぴょう》五（七三三）年成立の『出雲国風土記《いずものくにふどき》』意宇《おう》郡舎人《とねり》郷（現・島根県安来《やすぎ》市）条には、欽明朝に大舎人《おおとねり》として供奉《ぐぶ》した「倉舎人君《くらのとねりのきみ》等の祖日置臣志毗《ひおきのおみしび》」の名がみえる。倉舎人君氏は、この宗賀之倉王（倉皇子）に仕えていたとみられるから、母の所伝に不確定さは残るが、存在は確かである。

また、舒明《じょめい》天皇即位前紀には、推古天皇が亡くなったあとの新天皇を推戴《すいたい》する会議に参加した群臣の一人に、蘇我倉麻呂《くらまろ》（馬子の子、またの名は雄当《おまさ》）がみえる。さらに彼の三人の男子のうち、大化《たいか》の右大臣が蘇我倉山田石川麻呂《くらやまだのいしかわまろ》であり、天智《てんじ》朝の右大臣の蘇我連子《むらじこ》と左大臣の蘇我赤兄《あかえ》は、「蔵大臣《くらのおおおみ》」と称されたと『公卿補任』にある。これらのことから、蘇我氏のなかでも蘇我倉氏を称する系統が、王権のクラ関係の職務に従事していたと考えられている。

ちなみに、律令制以前の王権のクラは、官僚制や中央常備軍などの国家組織が未熟なため、国家経費の収納と支出を扱う財政官司としての機能よりも、貴重品・威信財《いしんざい》の調達、収蔵、加工が主であった。ゆえに、天皇の正宮《せいきゅう》付近に集中していたのではなく、大和や河内の交通の要衝に分散して設置され、各種の手工業製品を加工、生産する工房と工人《こうじん》集団が付属していた（平林二〇〇二）。

こうした王権のクラの実態は、大阪府大阪市中央区法円坂《ほうえんざか》にある、前期難波宮《なにわ》の下層から検出された五世紀中頃から後半の、建物規模が桁行《けたゆき》一〇メートル×梁行《はりゆき》九メートル前後・平均床面積九二平方メートルという、規格を統一した一六棟以上の大型の高床《たかゆか》倉庫群（写真2、積山・南一九九一、大阪市文化財協会一九九一）や、紀ノ川《きのかわ》河口に位置する和歌山県和歌山市善明寺《ぜんみょうじ》の鳴滝《なるたき》遺跡から出土した五世紀前半から中頃の、整然と建てられた七棟の高床倉庫群（『和歌山県史　考古資料』）などから、垣間《かいま》みることができる。

祭祀《さいし》氏族・忌部《いんべ》氏

『古語拾遺』に蘇我氏関連の所伝が載録された背景、蘇我氏と忌部氏の関係を考える

写真2 高床《たかゆか》倉庫

1987～1988年の発掘で出土。現在は復元された1棟が見られる

上で注目されるのが、奈良県橿原市曽《そ》我《が》町の曽我遺跡から検出された玉作《たまつくり》遺構群である（奈良県立橿原考古学研究所一九八三・一九八四）。概要を紹介しよう。

曽我玉作遺跡は、古墳時代前期末の四世紀後半頃に始まり、五世紀後半から盛期を迎え、大々的な玉《たま》の一貫生産が行なわれて、六世紀前半まで続く。それ以降は玉生産が急減し、六世紀後半には終了する。前半は滑石《かっせき》製模造品の生産に中心があり、後半には玉製品を主とする。滑石製品には勾玉《まがたま》・管玉《くだたま》・小玉《こだま》・円板《えんばん》・鏡・剣・紡錘車《ぼうすいしゃ》などがあり、玉製品には勾玉・管玉・丸玉《まるだま》・棗玉《なつめだま》・小玉などで、原材料は碧玉《へきぎょく》・琥珀《こはく》・緑色凝灰岩《りょくしょくぎょうかいがん》・水晶《すいしょう》・翡翠《ひすい》・埋木《うもれぎ》・ガラスなどと、多様である。他に、砥石《といし》・舞錐《まいきり》・銅製儀鏡《ぎきょう》・鉱滓《こうさい》・縄蓆文土器《じょうせきもん》・韓式系土器《かんしきけい》・製塩土器・須恵器《すえき》・土師器《はじき》なども出土した。玉類の出土点数は数十万点・約二七〇〇キログラム（遺跡全体ではその一〇倍以上におよぶと推定）と大量であること、玉類の種類が多いこと、原材料もきわめて豊富なことなど、他の玉作遺跡では見られない特徴である。原料石材は、滑石は和歌山県、碧玉は出雲・山陰地方、緑色凝灰岩は北陸地方、翡翠は新潟県、琥珀は岩手県か千葉県と推定され、大量の石材が遠隔地から運ばれている。

生産の規模・量ともに最大であること、原料が多様で遠隔地から運ばれていることなどは、きわめて意図的で強力な権力が介在していたことを示している。こうした玉類もクラの収蔵品であったが、特に注目されるのは、その地理的位置である。

曽我玉作遺跡の所在地は、『紀氏家牒』逸文に「蘇我石河宿祢の家は、大倭国高市《たけちの》県《こおり》蘇我里なり。故《ゆえ》に名を蘇我石河宿祢と云《い》う」とあるように、蘇我氏の本貫《ほんがん》（中心となる基盤地域）である。その北西には、蘇我氏が奉斎《ほうさい》した延喜《えんぎ》式内大社《しきないたいしゃ》である宗我坐《そがにいます》宗我都比古《そがつひこ》神社（42ページの写真3）も鎮座する。

ところが、同遺跡のすぐ南が忌部氏の本貫であり、その祖神《そしん》を祭る式内名神大社《しきないみようじんたいしゃ》の太玉命《ふとたまのみこと》神社（43ページの写真4）が鎮座する。天太玉命という祭神名は、忌部氏の前身が玉作工人集団であったことを物語る。この遺跡の歴史的重要性は、忌部氏（前身集団）が蘇我氏の指揮下で、王権が必要とする各種玉類の製作に従事していたことを、示唆していることにある。玉作もクラの職務であった。

さらに、曽我玉作遺跡での玉生産が急減する頃に、王権の神祇《じんぎ》政策を統轄するしくみとして、「祭官制《さいかんせい》」が創設されたとみられている（上田一九六八、岡田一九七〇、中村英重一九九九）。これも、継体天皇系王権による新政策（後述）と理解されるが、それにより王権内の卜占《ぼくせん》を掌《つかさど》っていた集団が中臣《なかとみ》氏、同じく玉作に従事していた集団が忌部氏となり、王権の祭祀を専掌する祭祀氏族に変貌した。

写真3 宗我《そが》 坐《にいます》 宗我都比古《そがつひこ》神社

奈良県橿原市曽我《そが》町所在。宗我都比古《そがつひこ》は蘇我氏の祖先神か

　こうしたなか、中臣氏が大連物部氏と親密な関係にあったことは、仏教崇《すう》廃《はい》抗争における共同歩調からも明瞭である。同様に、忌部氏は大臣蘇我氏と親密な関係を結び、両者はそれぞれの職掌のこともあって、対峙《たいじ》する場合もあった。

　要するに、蘇我氏と忌部氏は本貫が隣接し、かつ王権の職掌（クラ）の上でも近しい関係にあったことから、蘇我氏の職掌に関する所伝（主張）の一部が『古語拾遺』に採録されたのであろう。

写真4　太玉命《ふとたまのみこと》神社

奈良県橿原市忌部《いんべ》町所在。主な祭神は天太玉命《あめのふとたまのみこと》

蘇我韓子《からこ》の朝鮮半島出兵

次いで『紀』に登場する蘇我氏の人物は、満智宿禰の子という蘇我韓子《からこ》宿禰であり、雄略天皇紀九（四六五）年三月から五月条にかけての、新羅遠征記事のなかに登場する。

それは、雄略天皇七年以来の吉備《きび》氏や高句麗などがからんだ外交問題の顚《てん》末《まつ》でもあり、蘇我氏の前史とその実態を考える上で、看過できない問題を含んでいる。関連記事全文の引用は紙幅を要するので、その概要を記そう。なお、蘇我韓子宿禰がみえる箇所には傍線を付した。

①七年是歳《このとし》条

吉備上道臣田狭《きびのかみつみちのおみたさ》は任那《みまな》（倭国と関係深い朝鮮半島南部地域）に派遣されたが、その間隙《かんげき》に妻・稚媛《わかひめ》（葛城玉田《たまた》宿禰の娘・毛媛《けひめ》）が天皇に奪取されたことを恨《うら》み、新羅に通じた。天皇は田狭の子・弟君《おときみ》と吉備海部直赤尾《きびのあまのあたいあかお》に新羅を討つように命じた。しかし、弟君も田狭と意を通じ、天皇に叛意《はんい》を示した。弟君の妻・樟媛《くすひめ》が夫を殺し、吉備海部直赤尾とともに手末才技《たなすえのてひと》（新漢人《いまきのあやひと》）を連れて帰国した。

②八年二月条

身狭村主青《むさのすぐりあお》と檜隈民使博徳《ひのくまのたみのつかいはかとこ》を呉国《くれのくに》（中国南朝の宋《そう》）に派遣したが、新羅からの朝貢は天皇即位以来行なわれず、好《よしみ》を結んだ高句麗王は兵士一〇〇人で新羅を護《まも》らせた。帰国する高句麗兵の会話から、真意が新羅を襲うことにあると知った新羅王は、国人《くにびと》に「人《ひと》、家内《いへのうち》に養《やしな》う鶏《とり》の雄者《おとり》を殺せ」と命じ、高句麗兵を皆殺しにした。それを知った高句麗は新羅を逆襲、新羅王は任那王に救援を求めた。任那王は、膳臣斑鳩《かしわでのおみいかるが》・吉備臣小梨《おなし》・難波吉士赤目子《なにわのきしあかめこ》を派遣した。彼らは地道《したつみち》を造り、歩兵と騎兵で挟《はさ》み撃ちにして高句麗軍を破った。これ以来、新羅と高句麗は不和となった。

③九年三月条

天皇自ら新羅出征を意図したが、神の戒《いまし》めの託宣《たくせん》で思いとどまり、代えて紀小《きのお》弓《ゆみ》宿禰・蘇我韓子宿禰・大伴談連《おおとものかたりのむらじ》（大伴室《むろ》屋大連の子）・小鹿火《おかひ》宿禰に征討を命じた。紀小弓宿禰は大伴室屋大連を介して、吉備上道采女《うねめ》大海《おおしあま》を賜《たま》わり出征した。しかし、大伴談連と紀岡前来目連《きのおかざきのくめのむらじ》は戦死し、大将軍の紀小弓宿禰は病死した。

④九年五月条

紀小弓宿禰の子・紀大磐《きのおおいわ》宿禰は新羅に赴《おもむ》き、小鹿火宿禰軍を指揮下に置いた。それを恨んだ小鹿火宿禰は、紀大磐宿禰が「我、当《まさ》に復《また》韓子宿禰の掌《つかさど》れる官《つかさ》を執《と》るらんこと久《ひさ》にあらじ」と話していると韓子宿禰に虚言を弄《ろう》したので、両者は不仲になった。事《こと》を見抜いた百済王は二人を招き、轡《くつわ》を並べて赴く途中に、韓子宿禰が大磐宿禰の鞍《くら》を射《い》たが、反対に射落とされて死亡した。吉備上道采女大海は帰国し、大伴室屋大連の計《はか》らいで夫・紀小弓宿禰の墓を田身輪邑《たむわのむら》（現・大阪府泉南《せんなん》郡岬町《みさき》）に築《きず》いた。別に紀小弓宿禰の喪《も》で帰国した小鹿火宿禰は、八咫《やたの》鏡《かがみ》を大伴大連に奉納し、紀氏と袂《たもと》を分《わ》かち、角国《つの》（周防《すおう》国都濃《つの》郡、現・山口県徳《とく》山《やま》市周辺）にとどまり、角臣《つののおみ》（紀氏同族）の祖となった。

③は、早くに「日本側の物語で史実性に乏《とぼ》しく、……そのままでは史実と認めがたい」という、京都大学助教授であった岸俊男《きしとしお》氏の説（岸一九六六）がある。ただし、紀氏が王権と朝鮮半島地域の交渉に深く関与し、船運巧《たく》みな吉備氏と、海外交渉で連携関係にあったことは岸氏も評価している。

いっぽう、大阪市立博物館長などを務めた三品彰英《みしなあきひで》氏は、没後に刊行された著書のなかで、①の「吉備田狭関連の記事は、欽明天皇紀元年〜同六年条と大要が一致するから、欽明天皇紀の史実に照応する伝説化された日本側の所伝で」あり、信憑性に疑問があるとする。ところが、②については「朝鮮側の文献を主として利用したらしい節々が多く、史実に近い所伝である」と、異なる評価をしている（三品二〇〇二）。

①が、伝説化した所伝であったとしても、欽明朝から雄略朝に八〇年も年次を繰り上げるほど、時代の不確かなものであったとは思われず、一定の事実を読み取ることは可能であるとみる考えもある（山尾一九八九）。

右の記事は紀氏や吉備氏系の所伝を中心にして編《あ》まれていると思われ、いずれも説話的記述が多く、事実関係の確定が困難な部分があるが、岸氏や山尾氏の説くところが穏当だろう。

一連の所伝は、『三国史記』新羅本紀慈悲麻立干《じひまりかん》五（四六二）年五月条に「倭人が襲ってきて活開城《かつかい》（現・韓国東南部か）を破り、虜人《とりこ》一千を連れ去った」とあることや、同六年二月条に「倭が歃良城《そうら》（現・同国慶尚南道梁山《キヨンサンナムドヤンサン》）を侵《おか》したが、克《か》てずに去った」とあることにおおむね対応する。これらのことから、蘇我韓子宿禰に関わる半島出兵についても、その概略は認められよう。

騎馬で戦った蘇我韓子

右の一連の所伝から、四六〇年代の倭国の外交に関して、おおむね以下の要点を抽出できよう。

Ⓐ吉備上道臣田狭・吉備上道采女大海・吉備臣小梨・吉備海部直赤尾など、吉備の豪族が多く登場する。次に、紀小弓宿禰・紀大磐宿禰・小鹿火宿禰ら紀氏とその同族、大伴談連の出征と大伴室屋大連の関与なども、あながち疑うべき理由はない。紀岡前来目連や蘇我韓子宿禰は、前者の人物群に比べて孤立的である。

Ⓑ呉国（宋）への遣使《けんし》と対高句麗・新羅政策の関連が語られている。

Ⓒ新羅は、高句麗の掣肘《せいちゅう》から離れ独立性を高めようとしていた。

Ⓓ任那もからんでいるが、任那には膳臣斑鳩・吉備臣小梨・難波吉士赤目子ら倭国から派遣された集団が駐留し、彼らは任那王の指揮下に置かれていた。

Ⓔ倭国から派遣された集団は必ずしも一枚岩でまとまっていたのではなく、紀大磐宿禰と小鹿火宿禰は同族でありながら不仲であり、蘇我韓子宿禰と紀大磐宿禰も対立していた。さらに、吉備上道臣田狭も天皇を快《こころよ》く思っていなかった。

Ⓕ歩兵だけでなく、騎兵も用いられている。

Ⓐの紀岡前来目連や蘇我韓子宿禰が史料上、孤立的であることは、彼らについての所伝は作為性が少ないことを意味する。

ⒷⒸⒹは、当時の倭国が東アジアの外交に敏感に反応していたことを物語るが、ヤマト王権から任那に派遣された集団が任那王の指揮下にあったことは、任那問題を考える上で注目される。

Ⓔの倭国派遣集団の内部対立は、ヤマト王権の制度的未熟性と各氏族の独自性保持を物語るものであり、当時の王権の実態を考察する上で興味深い。

要するに、倭国の中国南朝・宋との交渉にも関わり、新羅が高句麗の掣肘から離れようとする動きに連動して派遣された、吉備（上道）氏・紀氏・大伴氏らを核に編成されたヤマト王権の遠征軍に、蘇我韓子宿禰に代表される集団が含まれていたことはまちがいなかろう。これは、のちの大臣蘇我氏の外交のさきがけとして留意される。

さらに、蘇我韓子宿禰関連の所伝で注目されるのは、彼が騎馬で戦っていることである。これは蘇我氏が早くから馬を導入していた可能性を示すものであり、馬飼集団との関係も考えなければならない。

その際に注目されるのが、奈良県橿原市曽我町の南曽我遺跡である。同遺跡から、五世紀後半から末頃の馬を埋葬した遺構（馬墓《うまはか》）が検出されているが、蘇我韓子宿禰が騎馬戦で活躍したと伝えられる時期とほぼ重なるのも偶然とは思われない。蘇我氏と馬飼集団の関係は、ほとんど指摘されることがなかった点である。今後、蘇我氏の特徴として重視されるべきであるが、詳しくは第三・第四章で述べたい。

「韓子」は何を意味するか

「韓子」という語に関わり、継体天皇紀二十四年九月条の「吉備韓子那多利《きびのからこなたり》・斯布利《しふり》」に、「大日本《おおやまと》の人、蕃《となりぐに》の女《め》を娶《と》りて生めるを、韓子とす」という分註が付されている。このことから、蘇我氏渡来人出自説とも関わり、蘇我韓子宿禰の母を韓人《からひと》の女性とみる向きもあるので、記しておこう。

那多利と斯布利が吉備氏と韓人の女性の間の生まれであり、その出自のゆえに「吉備韓子」と称されたことは確かであろう。ただし、吉備に加えられた韓子は、個人の名ではなく、その母系の出自を示すため氏名《うじな》に添えられた語である。それに対して、蘇我韓子宿禰は、韓子を除くと個人の名がなくなるから、それが出自を示すために添えられたのではなく、個人名であることは明白である。

つまり、蘇我韓子宿禰の韓子が、母が韓人の女性であったからか、それとも一族や彼自身が韓の地域に何らかの縁《ゆかり》があったからつけられたかは定かでない。韓子の「子」は、後述する馬子《うまこ》や妹子《いもこ》と同じく、個人名の「韓」に付された称辞《しょうじ》と解することも可能であるから、韓子の名をもって蘇我氏渡来人出自説を主張することはできない。

いずれにしても、45ページの③④は、五世紀代の蘇我氏に関する数少ない記事であり、この時期の蘇我氏について考察する上で見逃せない。蘇我氏が、吉備氏や紀氏らとともに朝鮮半島に出兵し、騎馬で活躍する軍事的集団であったこともみてとれる。しかし、原史料を考慮しても、いまだ紀氏や吉備氏らより上位の存在とは描かれていない。おそらく、当時の蘇我氏は、五世紀の王権を主導した葛城氏政権を構成する、有力成員の一人にとどまっていたものと思われる。

第二章　蘇我氏の台頭と発展

二十五代武烈《ぶれつ》天皇と王統断絶

蘇我韓子宿禰《からこのすくね》の子・高麗《こま》宿禰の動きは、歴史書には現われないが、その理由は明らかでない。韓子宿禰が殺害されたこともあろうが、王権が混乱期に入ったことの影響ではないかと思われる。

蘇我氏の台頭が大臣《おおおみ》への任命にあったとすれば、王権の混乱期である、五世紀末以降の政治的状況と、その期の大臣について概観する必要がある。

執政官について、五世紀から六世紀前半まで大まかにとらえると、五世紀は葛城《かつらぎ》氏の時代であったのに対し、五三〇年代半《なか》ば以降は蘇我氏の時代と位置づけられよう。かつ、その狭間《はざま》に、平群《へぐり》氏と許勢《こせ》氏が大臣として登場するが、両氏はいずれも建内宿禰《たけしうちのすくね》の後裔と伝える。このことから、第一章で触れた建内宿禰後裔系譜は、五・六世紀の大臣氏族を核とした擬制的同族系譜と位置づけられる。

この間を、王家（天皇家）の側からみれば、五世紀の十六代仁徳天皇系王統は二十五代武烈天皇で途絶える。武烈天皇について、『記』は、「太子《ひつぎのみこ》」「日続《ひつぎ》知《し》らすべき王《みこ》」がいなかったと記すのみである。いっぽう『紀』は、次のように褒《ほ》め称《たた》えたかと思えば、続けて諸悪を尽くした悪王と記し、まったく反対の評価を下している。

> 長《ひととな》りて刑理《つみなえことわるること》を好みたまう。法令《のり》分明《わきわき》し。日晏《くた》つまで坐朝《まつりごときこ》しめして、幽枉《かくれたること》必ず達《とおししら》しめす。獄《うたえ》を断《ことわ》ることに情《まこと》を得たまう。又頻《またしきり》に諸悪《もろもろのあしきこと》を造《し》たまう。一も善《よきこと》を修《おさ》めたまわず。凡《おおよ》そ諸の酷刑《からきのり》、親《みずか》ら覧《みそな》わさずということ無し。国の内の居人《おおみたから》、咸《ことごとく》に皆震《ふる》い怖《お》ず。

その悪逆非道の具体例として、妊婦の腹を割《さ》いて胎児を見分《けんぶん》した、生爪《なまつめ》を抜いた手で山芋《やまいも》を掘らせた、頭髪を抜いて樹に昇らせて伐《き》り倒した、人を池の樋《ひ》から流出させて矛《ほこ》で刺し殺した、女性に牡馬《おすうま》との獣婚《じゅうこん》を無《む》理《り》強《じ》いし他の女性にみせた、などと書き連ねている。

もちろん、これら一連の記事は事実ではなく、それまでの王統が武烈天皇で断絶したことを説明するために、意図的に創作されたものであることは明白である。

武烈天皇紀四（五〇二）年是歳条には、百済系の史書『百済新撰《くだらしんせん》』（雄略天皇紀に二カ所、武烈天皇紀に一カ所引用）にもとづいた、次の記事も載せられている。

百済の末多《まつた》王、無道《あじきなく》して、百姓《たみ》に暴虐《しいわざ》す。国人《くにひと》、遂《つい》に除《す》てて、嶋王《せまきし》を立つ。是《これ》を武寧《むねい》王とす。

百済では、国人が暴虐な末多王を廃して武寧王を立てたというが、これも倭国と連携関係にある百済という理由だけで、記しているのではない。倭国の王統断絶・王者交替にも関連して、「無道・暴虐」な王者は廃されるという、遠回しの表現なのである。すなわち、武烈天皇で王統が断絶する理由の暗示であり、国人の信を喪失した王統は絶えるのが必然であることを示す、意図的記述である。

要するに『紀』は、「太子」「日続知らすべき王」がいなかったこととは別に、「人々の信頼と支持を喪失したので、王統が断絶したのである」と王統の交替、系譜上疎遠な継体天皇の即位の理由を説明しているのである。それは、『紀』の主張、かつ支配層共有の歴史観ではあるが、王統を交替しなければ王権を継続できないほど、深刻な状況に陥《おちい》っていたことは事実であろう。

「二十六代継体《けいたい》天皇は応神《おうじん》天皇の五世孫」は事実か

それでは、王統断絶後に即位した継体天皇が、応神天皇の五世孫というのは事実であろうか。

それを考える上で参考になるのが、埼玉県行田市の稲荷山古墳から出土した鉄剣の金象嵌銘文《きんぞうがんめいぶん》である。「辛亥年《しんがいねん》（四七一年）」から始まる一一五字の銘文には、八代の系譜と、系譜末尾の乎獲居《おわけ》が「獲加多支鹵《わかたける》大王（雄略天皇）」に「杖刀人首《じょうとうじんのおびと》（武官の長）」として仕奉《しぶ》したことなどが刻《きざ》まれている（埼玉県教育委員会一九七九）。これは、古代の系譜観念を考える上でも大変重要であるから、関連部分の訓読を記そう。

辛亥年七月中、記《しる》す。乎獲居臣《おわけのおみ》、上祖、名は意富比垝《おおひこ》、其児《そのこ》、多加利足尼《たかりすくね》、其児、名は弖已加利獲居《てしかりわけ》、其児、名は多加披次獲居《たかはしわけ》、其児、名は多沙鬼獲居《たさきわけ》、其児、名は半弖比《はてひ》、其児、名は加差披余《かさはよ》、其児、名は乎獲居臣、……

この銘文には、「児」は次代の継承者を意味し、八代の系譜は地位継承次第と解する説（義江二〇一一）をはじめ、近年も多くの論点がある。

銘文は平獲居が刻ませたものであろうが、系譜にみえる上祖（遠い先祖）の意富比垝は、宮廷の饗膳《きょうぜん》に従事した阿倍《あへ》・膳《かしわで》・阿閉《あへ》氏らの祖で、十代崇神《すじん》天皇の時に北陸地方平定に派遣されたと伝えられる、孝元天皇の皇子大彦命《おおひこのみこと》（『記』は大毘古命）にあてられることは、ほぼ異論がない。ただし、この系譜が、「杖刀人首」あるいは地域首長の地位継承次第を表わしているかは銘文から判断できない。

継体天皇が応神天皇五世孫を称していたことに関係する系譜としては、鎌倉時代後期に卜部兼方《うらべかねかた》が編纂した『紀』の注釈書『釈日本紀《しゃくにほんぎ》』が引用している「上宮記一云《じょうぐうきあるにいわく》」が知られている。

「上宮記」は聖徳太子関連の史料と目されるが、現存しないので成立時期や信憑性に見定めがたい点もある。しかし、奈良時代以前の要素を含む可能性があり、「児」で結ばれた凡牟都和希王《ほむつわけ》（応神天皇）から汙斯王《うし》（彦主人王《ひこうし》）に至る継体天皇の父系と、同じく「児」で結ばれた伊久牟尼利比古大王《いくむねりひこ》（十一代垂仁天皇）から布利比弥命《ふりひめのみこと》（振媛《ふりひめ》）に至る母系の系譜が記されている（61ページの系譜2）。

五世紀の倭国が宋にさかんに遣使したことが、『宋書』《そうじょ》倭国伝《わこくでん》に記されている。同書は、五人の倭国王である讃《さん》・珍《ちん》・済《せい》・興《こう》・武《ぶ》、いわゆる「倭の五王」の系譜関係について「讃死して弟珍立つ」「済死す。世子《せいし》（太子）興、使を遣《つか》わして貢献す」「興死して弟武立ち」と記している。

珍と済の関係が記されていないことは措《お》くが、これらの系譜的記事は、倭国側の申告にもとづいた記述とみられる。ここで留意されることは、倭国王位の血脈継承を伝えていることである。

要するに、「上宮記一云」の「児」で結ばれた継体天皇に至る系譜が、地位継承次第ではなく、事実関係は確かめがたいが、血縁系譜として記されていることは明白である。父・母両系を記していることからも、それが血縁系譜であることが諒解される。稲荷山古墳出土鉄剣の八代の系譜も、乎獲居が意富比垝の血脈につながってこそ意味がある。

東国の稲荷山古墳に埋葬されたであろう乎獲居が、四七一年には八代の系譜を保持していたのに、その三五年あまりのちに天皇に迎えられる人物が、何ら系譜伝承を有していなかったとは考えられない。継体天皇にとっては、王族の血脈にあることが重要だったのであり、それを示す系譜を有していたからこそ、即位ができたのである。それが単なる地位継承次第であったなら、王権からの即位要請と無縁であったことはいうまでもない。

また、系譜を詐称《さしょう》するなら五世孫よりも三世孫、あるいは二世孫と、天皇との関係を近くしたほうが即位に有利である。にもかかわらず、応神天皇の五世孫と主張していることは、それが一定の信頼の上にあると受け取られていたことを示している。一夫多妻が普通であった当時において、仁徳天皇系王統の王族が五世紀末頃に絶無《ぜつむ》になっていたとは考えにくい。事実は漠《ばく》として見定めがたいが、次の継体天皇即位前紀から、その問題を考えてみよう。

大伴金村大連《おおとものかなむらのおおむらじ》議《はか》りて曰《い》わく、「方《まさ》に今絶えて継嗣《みつぎ》無し。天下《あめのした》、何《いずれ》の所にか心

系譜2　継体天皇の出自に関する系譜

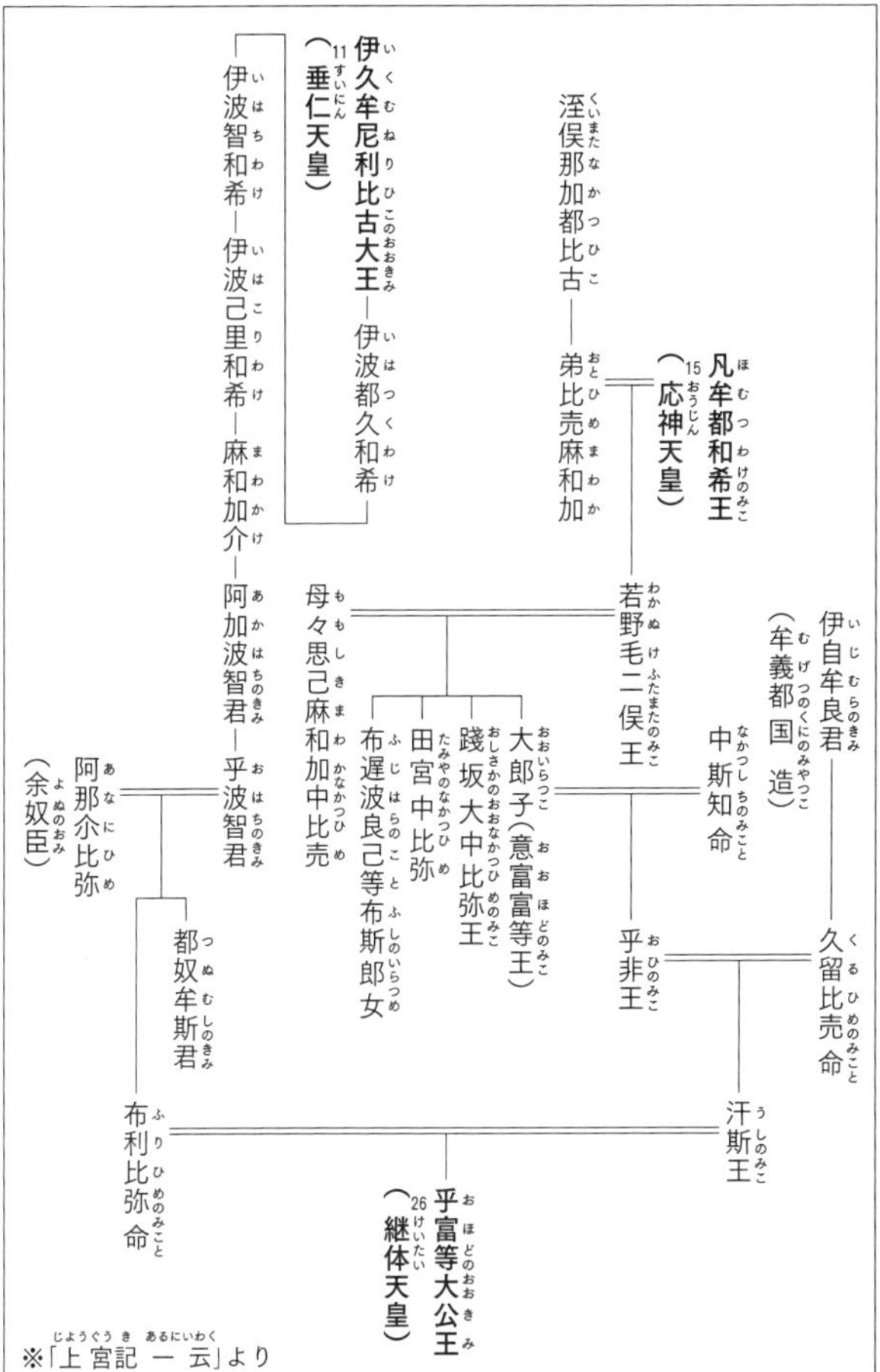

※「上宮記《じょうぐうき》　一云《あるにいわく》」より
※（　　）内の天皇名は筆者記入、数字は代数

を繋《か》けん。古《いにしえ》より今に迄《いた》るまでに、禍《わざわいこれ》斯に由《よ》りて起る。今足仲彦《たらしなかつひこ》天皇五世孫倭彦王《やまとひこのおおきみ》、丹波国桑田郡《たにはのくにくわたのこおり》に在《ま》す。請《こ》う、試《こころみ》に兵仗《つわもの》を設《もう》けて、乗輿《みこし》を夾《はさ》み衞《まも》りて、就《ゆ》きて迎《むか》え奉《まつ》りて、立てて人主《きみ》としまつらん」という。大臣・大連等、一《もはら》に皆随《みなしたが》いて、迎え奉ること、計《はかりごと》の如《ごと》し。是《ここ》に、倭彦王、遥《はるか》に迎えたてまつる兵《つわもの》を望《おせ》りて、懼然《おそ》りて色失《おもえりあやま》りぬ。仍《よ》りて山壑《やまたに》に遁《にげほどはし》りて、詣《いま》せん所を知らず。

ここで注目されるのは、継体天皇より先に、丹波国桑田郡（現・京都府亀岡市《かめおか》）にいた十四代仲哀《ちゅうあい》（足仲彦）天皇の五世孫という倭彦王に即位を要請したが、威儀を正した兵士らをみて恐れをなし、山谷に逃げ隠れてしまった、との記述である。事実関係は確認しがたいけれど、即位を要請されたのが応神天皇より前の天皇の後裔であることに、意味があったと考えられる。

要するに、仁徳天皇から武烈天皇までの男子子孫が皆無、王統が断絶することは、その王統の天皇を戴《いただ》いてきた五世紀の王権が崩壊の危機に直面し、その結果として、応神天皇以前の王統の後裔に、改めて天皇の血脈が求められたことを示している。

女系での継承

応神天皇と仁徳天皇の父子関係や、応神天皇五世孫という系譜が事実だとしても、継体天皇の即位は実質上、新たな王統の始まりである。

ただ、留意を要するのは、継体天皇の大后《おおきさき》・手白香《たしらか》皇女（手白髪命）、続く二十七代安閑《あんかん》天皇の大后・春日山田《かすがのやまだ》皇女（『記』にはみえず）、二十八代宣化天皇の大后・橘仲《たちばなのなかつ》皇女（橘之中比売命）の三名は二十四代仁賢《にんけん》天皇の皇女であり、手白香皇女と橘仲皇女は子孫（欽明天皇や石姫《いしひめ》皇女ら）を残していることである（64ページの系譜3）。三名の継体天皇系王家への入内《じゅだい》は、新王統が女系で前王統の血を継承する必要があると観念された結果でもある。

加えて、この三名は、母系が春日和珥《かすがわに》（和爾・丸邇・和邇）氏系の人物であることにも注目される。春日和珥氏は、五代孝昭《こうしょう》天皇の御子《みこ》・天押帯日子命《あめおしたらしひこのみこと》の後裔を称する春日《かすが》・大宅《おおやけ》・粟田《あわた》・小野《おの》・柿本《かきのもと》・櫟井《いちい》氏らによる擬制的同族集団である。

系譜3　春日和珥《かすがわに》氏と天皇家の略系譜

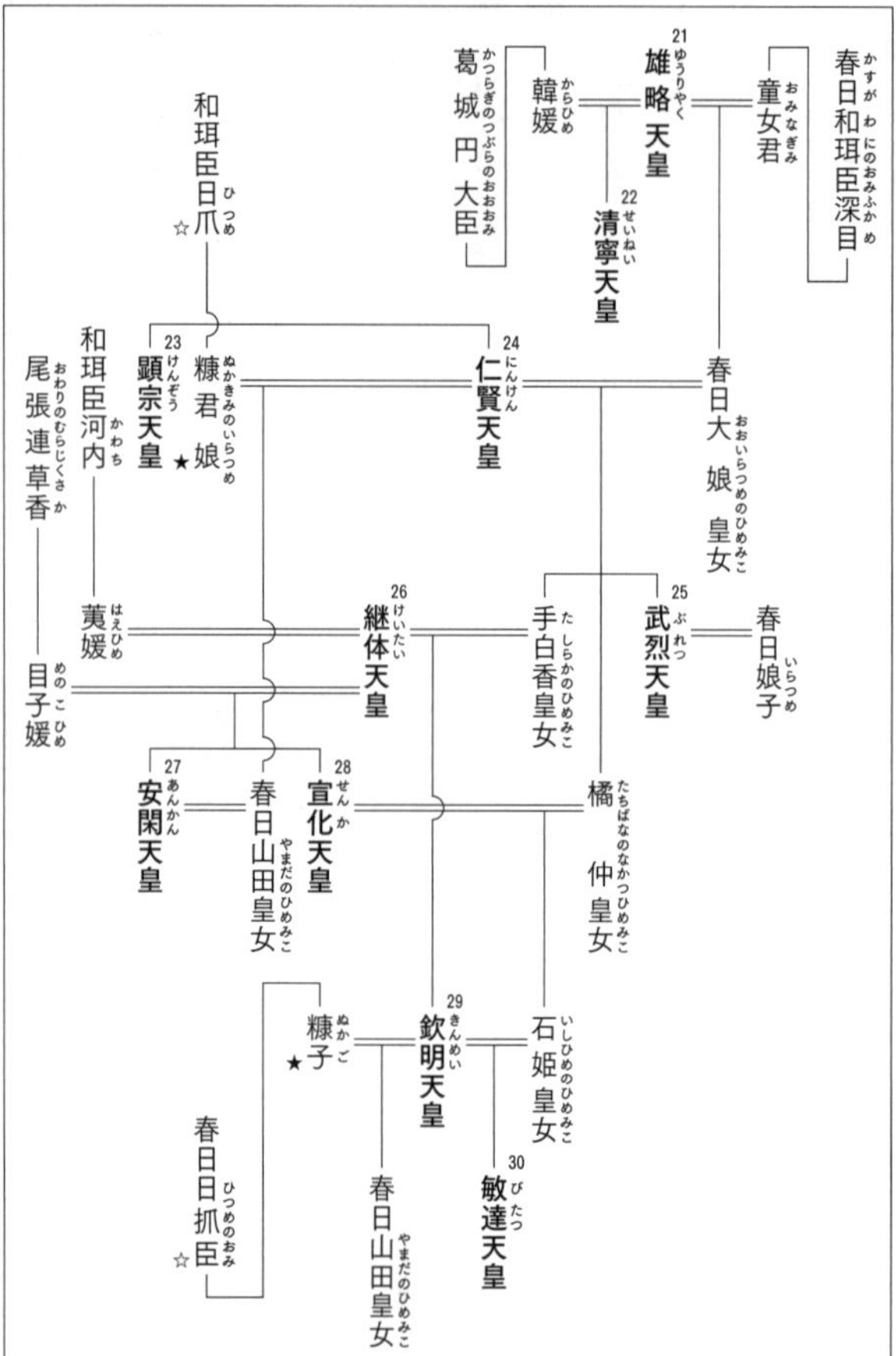

※数字は代数

※☆、★はそれぞれ同一人物の可能性が高い

写真5　和爾《わに》坐《にいます》赤坂《あかさか》比古《ひこ》神社

奈良県天理市和爾《わに》町所在。春日和珥《かすがわに》氏系集団の本拠に鎮座

彼らは、添下郡《そうのしも》佐紀《さき》・佐保《さほ》、添上《そうのかみ》郡春日（以上、現・奈良県奈良市の北部から東部）・大宅（現・同県奈良市の東南部）・和爾《わに》・櫟本《いちのもと》（現・同県天理《てんり》市の北東部）など、奈良盆地北部から東部地域を本拠としていた。添上郡に延喜《えんぎ》式内大社《しきないたいしゃ》の和爾坐赤坂比古《わににいますあかさかひこ》神社（写真5）・式内社の和爾下《わにした》神社（現・同県天理市櫟本《いちのもと》町、同県大和郡山《やまとこおりやま》市横田《よこた》町にも和爾下神社がある）などが鎮座することから、ここが同族集団の本拠であったと推察される（和田二〇一〇）。

　五・六世紀には一族から出た多くの女性が入内し、王家の姻族《いんぞく》として重きをなし、奈良盆地南東部を本拠とした建内宿禰後裔集団（葛城・波多《はた》・許勢・蘇我・平群・紀《き》氏など）と肩を並べる存在であった（岸一九六六、加藤二〇一三）。執政官に就くことはなかったが、武烈朝から継体朝への王権の移行には、春日和珥氏系集団が大きな役割をはたしたと考えられる。

継体天皇の三つの没年

蘇我氏の台頭は、継体天皇系王権の成立と不可分な関係にあるが、応神天皇五世孫という系譜や即位の後背《こうはい》勢力などの問題（水谷一九九九、大橋二〇〇七、篠川二〇一六）以外にも、継体天皇死亡後の王権分裂の存否《そんぴ》をめぐる議論がある。それは蘇我氏の台頭時期ともほぼ重なることから、両者の関連の有無も含めてみてみよう。

『記』が記す継体天皇の正宮《せいきゅう》は、伊波礼玉穂《いわれのたまほ》宮のみだが、先述したように『紀』は元年正月に樟葉《くすは》宮、五年十月に山背筒城《やましろのつつき》宮、十二年三月に弟国《おとくに》宮、ようやく二十年九月に磐余玉穂《いわれのたまほ》宮へ遷《うつ》ったという。さらに、磐余玉穂宮への遷居《せんきょ》を七年とする異説まで記しており、継体天皇の即位および王宮を大和に遷すことに、問題が存在したかのような書き方である。

加えて、『紀』が継体天皇の没年について、左に引く不可解な記事を載せており、問題が複雑化している（これには仏教公伝年次の問題もからまるが、問題点が輻輳《ふくそう》するので次項で詳述する）。継体天皇紀二十五（五三一）年条本文は、継体天皇が病死し、摂《せっ》津《つ》国の藍野《あいの》陵に埋葬したと伝える。

春二月に、天皇、病甚《やまいおも》し。丁未《ていび》に、天皇、磐余玉穂宮に崩《かんあが》りましぬ。時に年八十二。冬十二月丙申朔庚子《へいしんのさくこうし》に、藍野陵に葬《はふ》りまつる。

藍野陵については後述するが、「辛亥《しんがい》の変（安閑・宣化両天皇と欽明天皇の政権が並立していた状況）」があったとする説の主な論拠は、左の二十五年条分註にある。

或本《あるふみ》に云《い》わく、天皇、二十八年歳次甲寅《さいじこういん》に崩《かんあが》りましぬという。而《しか》るを此《ここ》に二十五年歳次辛亥《しんがい》に崩りましぬと云えるは、百済本記《くだらほんき》を取りて文《ふみ》を為《つく》れるなり。其《そ》の文に云えらく、太歳《たいさい》辛亥三月に、軍《いくさ》進みて安羅《あら》に至りて、乞乇城《こつとくのさし》を営《つく》る。是《こ》の月に、高麗《こま》、其《そ》の王安《こきしあん》を弑《ころ》す。又《また》聞く、日本《やまと》の天皇及《およ》び太子・皇子、倶《とも》に崩薨《かんさ》りましぬといえり。此《これ》に由《よ》りて言《い》えば、辛亥の歳《とし》は、二十五年に当《あた》る。後《のち》に勘校《かんが》えむ者《ひと》、知らん。

分註によれば、『紀』の編者は、継体天皇の没年について、「或本」＝二十八（五三四）年甲寅説を知っていたが、『百済本記』＝二十五（五三一）年辛亥説に依拠したという。

次の安閑天皇の即位は甲寅（五三四）年だから、『百済本記』説に依拠すれば、三年の空位期間が存在することになる。最大の問題は、「或本」説を採用すれば空位が生じないにもかかわらず、あえてそうしなかった理由である。その矛盾《むじゅん》のゆえに、「後に勘校えむ者、知らん」と記したのであろう。

矛盾を残してまで『百済本記』説を採用したわけは、「日本の天皇及び太子・皇子、倶に崩薨りましぬといえり」という記述にある。それは『百済本記』筆者の伝聞「又聞く」であろうが、その内容は通常では考えられない重大な事態である。これらを総合して、そこに王権内部の重大な変事、「辛亥の変」が存在したと想定するのである。

具体的には、継体天皇は二十五（五三一）年辛亥に亡くなり、尾張連草香《おわりのむらじくさか》の娘の目子媛《めのこひめ》を母とする二十七代安閑天皇・二十八代宣化天皇と、手白香皇女を母とする二十九代欽明天皇を支持する勢力の間で、王位継承をめぐる確執や争乱があり、一時的に二つの政権が併存していたとする（林屋一九五五、直木一九五八、喜田一九七二）。このことは、継体天皇の即位から欽明天皇に至る王権史をどのように復原するかという、古代史上の大きな問題となっている。

紀年をめぐる問題は次述するが、『記』は継体天皇の没年を分註で「丁未《ていび》年四月九日」と記し、『紀』とも異なる。丁未年は五二七年、『紀』では継体天皇二十一年にあたるが、その六月甲午《こうご》条には北部九州で筑紫君磐井《つくしのきみいわい》の乱が勃発《ぼっぱつ》したと伝える。

要するに、継体天皇の没年は、丁未（五二七）年・辛亥（五三一）年・甲寅（五三四）年の三説が存在し、それぞれ典拠とした原史料が違っていたとみられる。継体天皇辛亥年死亡説もその一つに過ぎず、「辛亥の変」の存否を含めて事実関係の確定は容易ではない。
なお、問題の記事のもとになった『百済本記』は、『百済記』『百済新撰』とあわせて百済三書（現存せず）と称される百済系史書である。継体天皇三（五〇九）年から欽明天皇十七（五五六）年の間で、継体天皇紀に四カ所、欽明天皇紀に一四カ所の引用がある。

仏教公伝の謎

さらに問題を複雑にしているのは、百済から倭国への仏教公伝に関わる所伝である。『紀』は仏教公伝を欽明天皇十三（壬申《じんしん》、五五二）年十月とするが、平安時代前期に成立した最古の聖徳太子伝である『上宮聖徳法王帝説《じょうぐうしょうとくほうおうていせつ》』（『寧樂遺文《ならいぶん》』）は、次のように伝えている。

志癸嶋《しきしま》天皇の御世《みよ》、戊午《ぼご》年十月十二日に、百斉国主明王《くだらこにきしめい》、始めて仏像経教《きょうきょう》并《なら》びに僧等を度《わた》し奉《たてまつ》る。勅《みことのり》して、蘇我稲目宿祢《そがのいなめのすくね》大臣に授《さず》けて興《おこ》し隆《さか》えしむ。

志癸嶋（志帰嶋）天皇とは、欽明天皇のことである。ちなみに、史料原文の「代午年」を誤写とみなし「戊午年」と校訂するのが一般であり、ここでもそれにしたがった。別の箇所でも「斯帰嶋《しきしま》天皇治天下卌《しじゅう》一年　辛卯《しんぼう》年四月崩陵檜前坂合岡《ひのくまのさかいのおか》也」、つまり欽明天皇の治世は四一年間で、辛卯（五七一）年四月に死亡し、陵は檜前坂合岡（現・奈良県高市《たかいち》郡明日香《あすか》村）にある、と記している。欽明天皇の在位が四一年間とすれば、辛亥年の即位、翌年である壬子《じんし》（五三二）年が元年となる。

さらに、右の所伝を傍証するかのように、天平十九（七四七）年の奥書《おくがき》を持つ元興寺《がんごうじ》（飛鳥寺《あすかでら》）の創立と由来、財産を記した醍醐寺《だいごじ》本『元興寺《がんごうじ》伽藍縁起《がらんえんぎ》幷《ならびに》流記資財帳《るきしざいちょう》』（『寧樂遺文』『校刊《こうかん》美《び》術《じゅつ》史《し》料《りょう》』寺院篇）に、次の記事がみえる。

大倭国《やまとのくに》の仏法《ぶっぽう》は、斯帰嶋宮に治天下《あめのしたしら》しめす天国案春《あめくにおしはる》岐《き》広庭《ひろにわ》天皇の御世《みよ》、蘇我大臣稲目宿祢の仕《つか》え奉《まつ》る時、治天下しめす七年歳次《さいじ》戊午《ぼご》十二月に、渡り来たる自《よ》り創《はじ》まれり。

ここでも、仏教公伝を欽明天皇「七年歳次戊午十二月」と記している。これらのことから、継体天皇は二十五（五三一）年辛亥に死亡して欽明天皇が即位、翌壬子（五三二）年を元年とし、その七（五三八）年戊午に仏教が伝えられたとするのが整合的である、と考えられている。今日《こんにち》、仏教公伝をこの欽明天皇七（五三八）年戊午とみるのが、一般的な立場である。

つまり、『紀』では欽明朝に戊午年は存在せず宣化天皇三年にあたるが、戊午年を欽明天皇七年とする仏教公伝説によれば、安閑・宣化両天皇の在位期間がなくなることになる。また、欽明天皇が辛卯（五七一）年四月に死亡したことは動かないから、その在位期間を四一年とする立場でも、辛亥（五三一）年の即位となる。この点からも、安閑・宣化両天皇の在位が否定される。これらのことを整合させようとすれば、必然的に『紀』とは異なる王権史を復原しなければならなくなる。

この『上宮聖徳法王帝説』『元興寺伽藍縁起幷流記資財帳』の紀年《きねん》にしたがうならば、確かに安閑・宣化両天皇が存在する余地はない。だが、欽明天皇の大后となる宣化天皇の皇女・石姫《いしひめ》や、宣化天皇の皇子・上殖葉《かみつうえは》の後裔である多治真人《たじひのまひと》氏らの存在など、のちの歴史の展開からみれば、安閑・宣化両天皇の存在を否定することはできない。

そこで、二つの矛盾を解消する考えとして、母系において異なる安閑・宣化両天皇と欽明天皇を支持する勢力の間で、王位継承をめぐる抗争「辛亥の変」があって一時的に二つの政権が並立していた、との仮説が提示されているのである。欽明天皇七年戊午の仏教公伝説は、安閑・宣化両天皇の即位を認めない立場によるものである、と説明する。

右の仮説は一見、紀年の不整合をも合理的に説明しており、「辛亥の変」説を支持する論者が少なくなく、今日も大きな影響力を有している（仁藤二〇〇九a、岸本二〇一二）。ただし、これには六世紀初頭の王統交替と、その直後の政治過程の理解に関わる重大な問題を含んでおり、可否《かひ》を含め、さらなる検証が必要である。

仏教公伝・五三八年説

事《こと》は右で疑問なく解明されたわけではない。まず問題となるのは、『紀』と異なり、仏教公伝を欽明天皇七年戊午とする二つの史料の信憑性である。欽明天皇七年戊午に仏教が公伝したとする所伝は、もとは一部の仏教関係者の説であり、二史料は同じ系統の原史料によっていると思われる。

まず、『上宮聖徳法王帝説』の件《くだん》の記事は、現『上宮聖徳法王帝説』では本文となっているが、もとの『上宮聖徳法王帝説』では裏書《うらがき》として書かれていたことから（沖森・佐藤・矢嶋二〇〇五）、信頼性がやや劣《おと》る。

次に、同じく欽明天皇の在位年数「卌一年」についても、それを抹消後に「王代云卅二年文」と傍書《ぼうしょ》されており、関係者の間で疑問視されていたことがわかる。法隆《ほうりゅう》寺《じ》金堂《こんどう》釈迦《しゃか》三尊《さんぞん》光背銘《こうはいめい》の引用について、「法興《ほうこう》元丗一年」とすべきところを、「法興元世一年」と誤写しており、在位「卌一年」も誤写の可能性が大きく、欽明天皇元年を壬子《じんし》（五三二）年とする立場も怪《あや》しくなる。

また、『元興寺伽藍縁起幷流記資財帳』を載せている醍醐寺本『元興寺縁起　仏本伝《ぶっぽんでん》来記《らいき》』は、仏教公伝を『紀』と同じく欽明天皇十三（五五二）年壬申と記しており、欽明天皇七年戊午説は仏教関係者間でも、いわば異説であり、広く支持されていたとはみられない。

そもそも、『元興寺伽藍縁起并流記資財帳』については、早くから成立や内容の信憑性に疑問が投げかけられ、元慶《がんぎよう》六（八八二）年までに付加された部分が少なくないと指摘されていた（水野一九九三）。さらに、近年の厳密な分析の結果、「『元興寺伽藍縁起并流記資財帳』は九世紀後半の豊浦寺縁起《とゆらでらえんぎ》をもとにして、興福寺《こうふくじ》が元興寺への支配を強める平安時代末に、元興寺の寺勢《じせい》防衛、挽回《ばんかい》のために偽作《ぎさく》されたもの」、すなわち十一世紀末以降、十二世紀中頃以前に成立した偽文書であると推断されている（吉田一彦二〇一二）。

これらによれば、『元興寺伽藍縁起并流記資財帳』の信憑性は著《いちじる》しく低いことになる。ただし、そのなかにみえる「塔覆盤銘《とうふくばんめい》」「豊浦寺縁起」などには、『紀』以前の用字も散見され、古い要素が含まれるとの見解もあり（田中史生二〇一〇、川尻二〇一四）、史料評価の確定が難しい。

拙速《せっそく》な判定は難しいが、『元興寺伽藍縁起并流記資財帳』の仏教公伝記事が、『紀』の所伝を否定できるほどに信憑性は高くない、という点では通じ合う。要するに、仏教公伝＝欽明天皇七年戊午説や「辛亥の変」存在の証明に、二史料で十分であるとはいえない。

仏教公伝・五四八年説

右の諸説とは別に、『紀』の欽明天皇十三（五五二）年という仏教公伝年次は、釈《しゃ》迦《か》の入滅《にゅうめつ》一五〇〇年後に、その教えの実践・悟《さと》りが行なわれなくなる時代が到来するという末法《まっぽう》思想にもとづいて、その初年とされるこの年に設定されたと解する説もある（益田一九六二、田村一九八二、吉田一彦二〇一二）。

しかし、当時のわが国における末法思想の定着状況が定かでなく、末法初年の計算法も釈迦入滅二〇〇〇年後説も存在することなどから、一つの仮説の域を出ない。

さらに、それは倭国に仏教を伝えた百済聖明《せいめい》王暦にもとづいているという説もある。聖明王の即位年は①五一三年、②五二三年、③五二七年などと伝わるが（『三国史記』『三国遺事《さんごくいじ》』）、①と③を元年として二六年を足《た》せば五三八年・五五二年となる。これにより、仏教は聖明王二十六年に伝来したと伝えられ、依拠した聖明王即位年の違いによって二つの公伝年次が成立した。

しかし、父の百済武寧《むねい》王墓から出土した墓誌銘《ぼしめい》で②の正しいことが明らかになり、実際は五二三年に即位した聖明王二十六年、五四八年戊辰《ぼしん》に伝来したと説くのである（笠井二〇〇〇、遠山二〇〇六）。しかし、百済聖明王暦によって仏教公伝年次が伝えられていたことを示す史料や、公伝を五四八年に比定可能なわが国の史料は、いまだみられない。

以上に紹介した諸説は、すべて欽明天皇十三年壬申という『紀』の仏教公伝年次は何らかの意図にもとづいて創作・捏造されたもので、信用できないという考えを前提としている点で共通する。

先に触れた、埼玉県稲荷山古墳出土鉄剣の金象嵌銘文は、「辛亥年（四七一年）」から始まるものであった。四七一年には、すでに干支《かんし》を用いた紀年法が行なわれており、それから約八〇年も下《くだ》った、王権の記録と目される欽明天皇十三年壬申の仏教公伝が、それほど疑わしいものであろうか。そもそも、欽明天皇七（五三八）年戊午が正しく、欽明天皇十三年壬申は捏造であると断定が可能な、十分な論拠が存在するのだろうか。

『上宮聖徳法王帝説』『元興寺伽藍縁起幷流記資財帳』は、『紀』とは異なる紀年体系を持つ史料に過ぎず、「辛亥の変」存在説は紀年体系の異なるこの二者を対比、帰納《きのう》した結果に過ぎない。「紀年体系の異なる史料の対比という方法論自体が妥当か否《いな》か、再考しなければならない」という批判（神野志二〇〇七）は十分考慮に値《あたい》しよう。

「辛亥《しんがい》の変」は存在したか

やはり、紀年論だけで、「辛亥の変」を立証することは困難である。右の他にも、以下のような疑問点や否定的材料が存在する。

まず、継体天皇死後の三年間の空位に関する解釈に問題がある。王者であっても、死は突然である。生前譲位《じょうい》や皇太子制など、明確でゆるぎない成文化《せいぶんか》された王位継承法が未確立の社会にあって、終身制であった王者の死去による多少の政治的混乱や、一時的な空位期間は避けがたい。

ややのちの例であるが、天智天皇は、母・斉明《さいめい》天皇の死後、即位式を行なわないで政務を執《と》る「称制《しょうせい》」を六年あまり続け、その七（六六八）年正月に即位した。持統天皇も、夫・天武《てんむ》天皇のあとを承《う》けて三年あまり称制ののち、その四（六九〇）年正月に即位した。

なぜ、両天皇は前天皇死後すぐに即位しなかったかは不明だが、個々に特別な事情があって称制していた（史書の記述）とみられる。称制と記された、この期間をどのように理解するべきであろうか。古代の王位継承は曖昧《あいまい》ではないが、「一日たりとも空位が存在してはならない」という、現代的厳密性をもって行なわれていたわけではなかろう。要するに、継体天皇死後の三年間の空位を、「辛亥の変」の傍証とはできない。

そもそも、『紀』は、王位継承に関する王族間の抗争を隠蔽《いんぺい》するどころか、あからさまに記そうとする態度である。

例を示せば、安康天皇による大草香《おおくさか》皇子、眉輪《まよわ》王による安康天皇、雄略天皇による市辺押磐皇子《いちのへのおしはのみこ》・境黒彦皇子《さかいのくろひこのみこ》・八釣白彦皇子《やつりのしろひこのみこ》・眉輪王らの殺害、乙巳の変後の古人大兄皇子《ふるひとのおおえのみこ》や斉明天皇の時の有間皇子《ありまのみこ》、天武天皇没後の大津皇子《おおつのみこ》の変事など、枚挙《まいきょ》に遑《いとま》がない。実際に「辛亥の変」が存在したのなら、『記』『紀』は包み隠さずに、何らかの記述があってしかるべきである。

もちろん、『上宮聖徳法王帝説』『元興寺伽藍縁起幷流記資財帳』などにも、関連記事はみられない。

また、蘇我稲目宿禰は、宣化天皇の代《よ》にはじめて大臣に任じられ、続いて欽明朝にも大臣であったが、蘇我稲目は対立する両勢力にわたって、大臣を務めていたのであろうか。蘇我稲目は大臣として分裂していた王権の収束にあたり、欽明王権を支持することによって権力を拡大したとみる説もあるが（倉本二〇一六）、それを示す史料は存在しない。

加えて、安閑天皇の王宮は勾金橋宮《まがりのかなはしのみや》（勾金箸宮、現・奈良県橿原市曲川町《まがりかわちょう》）、宣化天皇のそれは檜隈廬入野宮《ひのくまのいおりののみや》（檜坰廬入野宮、現・同県高市郡明日香村檜前《ひのくま》）である。彼らが「勾大兄皇子《まがりのおおえのみこ》（安閑天皇）」「檜隈高田皇子《ひのくまのたかたのみこ》（宣化天皇）」と呼ばれていることからすれば、即位前から大和南部に拠地を得ていた可能性が大きい。

たとえ、それが即位後であったとしても、彼らが王宮を営んだ地域と、欽明天皇の磯城嶋金刺宮《しきしまのかなさし》（師木島大宮、現・奈良県桜井市の東部）は至近の位置にある。いわば両者は、南大和で顔を突き合わせるような至近の地にいたのだが、それがどのように対立・抗争していたのであろうか。

先に記したように、安閑・宣化両天皇は父の継体天皇と同じく、仁賢天皇の娘の春日山田皇女《かすがのやまだ》・橘仲皇女《たちばなのなかつ》をそれぞれ大后《おおきさき》としていた（64ページの系譜3）。女系で前王統につながることで王位継承の正当性を獲得していたが、これも「辛亥の変」の存在に疑問を懐《いだ》かせる（吉田晶二〇〇五、篠川二〇一六）。

さらに、欽明天皇は、宣化天皇と橘仲皇女の間に生まれた石姫《いしひめ》皇女を大后に迎え、箭田珠勝大兄《やたのたまかつのおおえ》皇子や三十代敏達《びたつ》天皇らをもうけている。また、石姫皇女の妹の倉稚綾姫《くらのわかあやひめ》皇女、日影《ひかげ》皇女らをも迎え、それぞれ石上《いそのかみ》皇子や倉《くら》皇子らを産んでいることも、「辛亥の変」肯定説には不利な材料である。

継体天皇即位前に行なわれた交渉

「辛亥の変」の存否に関わり、継体天皇による樟葉宮→山背筒城宮→弟国宮→磐余玉穂宮への遷居を、継体天皇の大和入りを阻害する要因、大和に対立・対抗勢力が存在したとの推測があることは先述した（66～67ページ）。王権は、当初から分裂含みであったとみるのである。

『記』は伊波礼玉穂宮《いわれのたまほ》のみを記し、樟葉・筒城・弟国各宮のことは載せていない。『紀』本文によれば、継体天皇が磐余玉穂宮に住んだのは在位期間の五分の一、わずか五年間（「一本《あるふみ》」によれば一八年間）に過ぎないが、『記』は大和の伊波礼玉穂宮で代表させたのであろうか。それとも、大和の王宮こそが、天皇の正統性を示すという意識が働いていたのであろうか。

いずれにしても、継体天皇の正宮の移動が、自らの意思でそうしたのか、第三者の思惑《おもわく》でそういう結果となったのか、判断する史料は皆無である。つまり、度重《たびかさ》なる遷宮記事からは、継体天皇の政治的、経済的拠点が移動したことは理解されるものの、大和入りを阻止しようとする対立勢力が存在し、それとの抗争が存在したことの証明とはならない。

さらに、継体天皇自身も、その即位をめぐって王権成員（王族と群臣）らとの間で十分な合意が形成されず、根強い反対勢力を残した状況で、易々《やすやす》と要請を受諾したであろうか。そうした危険要因を事前に排除するのが、要請受諾の前提条件として普通であろう。また、強力な反対勢力が存在するなか、一部群臣だけで新天皇を擁立《ようりつ》したとしても、その正当性を確保し、王権の成員に新天皇として承認されることが可能であったろうか。もうすこし、広い視点から史料を分析する必要がある。

要するに、継体天皇の大和入りが遅れたのは、それを阻止・抵抗する勢力が存在したからではない。原因追究は、その考えを前提とせずに行なわれる必要がある。

このように、継体天皇即位時に、王権が分裂含みの状況にあったとは考えられず、このことも「辛亥の変」説に、否定的に作用する。

継体天皇の即位は、実質上は王統の交替でもあったが、そこに武力抗争がともなっていた史料上の痕跡《こんせき》は存在しない。また、新天皇を迎える王権側と、迎えられる継体天皇側とで、事前に何の交渉も行なわれなかったとは、とうてい考えられない。こうした事例の裏側は表面（史料）に表われてこないことから、これまでの研究では等閑《なおざり》にされてきた。王権側からの要請にもとづき、疎遠な王統から新天皇を迎えるのであるから、事前に相互が関連する条件を提示・検討して何度かの交渉が重ねられた上での受諾、即位であったに違いない。

継体天皇の即位に際して、王権内に若干《じゃっかん》の緊張が生じたことは、もちろん考えられよう。しかし、それは武力による王権簒奪《さんだつ》ではなく、王権側からの要請に発することであったから、比較的平穏に諸事が進められたと考えられる。こうした状況からも、子の世代になって王権が分裂し、抗争するような事態が生じたと想定することは難しいであろう。

問われなければならないのは、武力抗争をともなわずに王統交替と王権再建が行なわれた、それが可能であった当時の王権の内実《ないじつ》である。ただし、これは五世紀と六世紀の王権の実態が等しいものであったというものではない。実際には大きく変化したであろうが、王統間で比較的円滑《えんかつ》に王位の移譲が可能であったこと、こうしたヤマト王権のあり方に注目する必要がある、ということである。

蘇我氏は、この王統交替に関わったのか否《いな》か、蘇我氏の台頭を考察する上でも注目される点である。この王統交替にともなう、王権構造の変化や新たな施策が明らかになれば、その答えもすこしはみえてくるのではないかと思われる。蘇我氏の台頭とも関連して解明されなければならないのは、まさにこうした王権の実態である。

継体天皇即位の条件

『記』『紀』編纂が開始される七世紀末までを見渡して、二世王（十四代仲哀天皇・二十三代顕宗《けんぞう》天皇・二十四代仁賢天皇・三十四代舒明天皇）や三世王（三十五代皇極《こうぎょく》＝三十七代斉明天皇・三十六代孝徳《こうとく》天皇）の即位はあるが、畿外《きがい》出身の五世王の即位は、それ以降を含めても絶無である。

「辛亥の変」の存在が唱えられる遠因の一つには、近江《おうみ》あるいは越前《えちぜん》から迎えられた応神天皇五世孫という継体天皇の即位が、前後の例を破る特異なものであったことにもあろう。

さて、真の継体天皇陵は現在、三嶋藍野陵《みしまのあいののみささぎ》に治定《じじょう》されている太田茶臼山《おおだちゃうすやま》古墳

（現・大阪府茨木《いばらき》市太田《おおだ》、全長二二六メートル×幅一四七メートル）ではなく、今城塚《いましろづか》古墳（現・同府高槻《たかつき》市郡家新《ぐんけしん》町、全長一九〇メートル（二重周壕《しゅうごう》を含めると三五〇メートル×幅三六〇メートル））であろうことは、研究者の共通認識である。

前方後円墳《ぜんぽうこうえんふん》という特定墳墓《ふんぼ》の築造は、王権の成員であることを目にみえる象《かたち》で表わす営みであったと解される。太田茶臼山古墳の被葬者が継体天皇の祖先の一人にあてられるならば（森田克行二〇〇六）、五世紀の王権にとって、継体天皇は未知の人物ではなく、王権内部の有力者の一人として広く知られた存在であった可能性が高い。

そうであったとしても、当時の王家の系譜からは相当に遠い王族であったことから、その即位が特別な事例と受け取られたことはまちがいないであろう。

継体天皇の即位は前後に例をみない特異なことであったが、その即位を疑問視する研究者はいない。継体天皇が王権から新天皇として即位を要請され、それを受諾するに際して何の条件をも示さなかったとは考えられない。

反対に、王権側も無条件で継体天皇を新天皇として受け入れたわけではなかろう。相互に条件が提示され、交渉が重ねられたに違いないが、先述した仁賢天皇の娘である手白香皇女（継体天皇大后）・春日山田皇女（安閑天皇大后）・橘仲皇女（宣化天皇大后）三名の新天皇一族への入内は、おそらくは王権側が示したその一つであったとも考えられる。

ちなみに、仁賢天皇の三皇女の入内を、高齢の継体天皇が手白香皇女との間に皇子をもうけられなかった場合の「スペア」として、一族ごと前王統に婿入《むこい》りしたとみる立場もあるが（倉本二〇一六）、それならば手白香皇女に次ぐ一名まででよい。三人というのは、そこに別の強い意図が働いていたことを思わせる。

この三皇女は、母系系譜がいずれも春日和珥氏《かすがわに》に遡《さかのぼ》ることに注目される（64ページの系譜3）。先に述べたように、春日和珥氏は、春日・大宅・粟田・小野・柿本氏をはじめ、合わせて一六氏の擬制的な大同族集団を形成しており、奈良盆地北部から東部を中心に、現在の京都府京都市東部から滋賀県の琵琶《びわ》湖西岸の地域を拠地としていた（岸一九六六、加藤二〇一三）。

『紀』には、継体天皇の父の彦主人王《ひこうしおう》が、近江国高島郡《たかしまぐん》三尾《みお》（現・滋賀県高島市《たかしまし》）の別業《なりどころ》にいたとある。そこは、鎌倉時代後期の『釈日本紀』が引用する、継体天皇の系譜「上宮記一云」にみえる「弥平国高嶋宮《みおたかしま》」と同所とみられる。

近江国高島郡に南接するのが滋賀郡であるが、ここには和邇《わに》・和邇川《わにがわ》・小野《おの》（現・滋賀県大津市《おおつ》の北部）などの地名が分布し、春日和珥氏の拠地の一つであった。特に小野は、小野氏《おの》の拠地として知られ、式内名神大社《しきないみようじんたいしや》の小野神社が鎮座する。高島郡にも式内社《しきないしや》の小野神社が鎮座し、時期は明確ではないが、春日和珥氏系小野氏が高島郡地域へ進出していたこともうかがわれる。

いずれにしても、継体天皇の父系集団は、琵琶湖西岸において春日和珥氏系集団と拠地が隣接、交錯していたのであり、早くから交流、交渉があった可能性が高い。

そうだとすれば、手白香・春日山田・橘仲三皇女の継体・安閑・宣化三天皇への入内も、彼女らの母系集団である春日和珥氏系集団の仲介的な働きかけがあり、継体天皇側からも王位の平穏な移譲を考慮した結果であったと解することも可能となる。さらには、継体天皇の即位そのものについて、春日和珥氏系集団との関係から再検討する必要があろう。

巧妙な新政策

　さて、ここでは蘇我氏の台頭に関連すると考えられる、継体天皇側が提示した即位受諾の条件と、その展開である新政策について検討する。ただし、『記』『紀』はこうした視点から記述していないので、間接的な分析に頼らざるを得ない。

　その際に、まず注目されるのが、新王家に入内した手白香・春日山田・橘仲の三皇女の他には、五世紀の王統（仁徳天皇～武烈天皇）の後裔《こうえい》王族が、継体朝以降は史上に登場しないという事実である。

　権力者は一夫多妻が普通であった時代に、ほぼ一世紀にわたり存続した王家の末裔《まつえい》が、次の時代には女性三名を除いて絶無になっていたとは、考えがたい。『記』『紀』における五世紀王家に継承者がいないことの強調は、人為的《じんいてき》な現象であるとの理解を禁じえない。これに関して、「子孫がいないこと、無嗣《むし》を理由とする、継体天皇即位の正統性の強調である」という評価がある（仁藤二〇〇九b）。

　問題は、五世紀王家の無嗣が、継体天皇即位の正統性を強調するための意図的な歴史書編纂の結果であるか、それとも他の目的によるものか、ということにある。

『記』『紀』における氏族の祖先伝承に関する記述の分析によると、『記』では初代神《じん》武《む》天皇から十五代応神天皇までの後裔を称するものが一七二氏、十六代仁徳天皇から二十五代武烈天皇までは、わずかに一氏である。『紀』においても、神武天皇から応神天皇までが七三氏であるのに対して、仁徳天皇から武烈天皇までは一一氏であり、基本的傾向は等しい（直木二〇一四）。

ところが、継体天皇以降の後裔王族は再び増える傾向にあり、右の現象が、応神天皇以前が「始祖の現れる時代にふさわしい、神話的世界と考えられていた」からでないことは明瞭である。

一般的傾向として、時代が下《くだ》るにしたがい後裔者数は増加するから、その理由は別に考えなければならない。おそらく、これはある時期になされた集中的な強制が表面化した現象であり、強力な政治的禁圧の結果と解するのが妥当である。

仁徳天皇から武烈天皇に至る五世紀王家の後裔王族が、継体朝以降の史料に登場しないのは、彼らが存在しなかったからではない。王族として存続すること、具体的には王位継承権を主張することが強制的に禁断、否定された結果と考えられる。

すなわち、五世王という継体天皇が即位したのであるから、五世紀王家の三世王や四世王らも王位を求めることが可能だという主張が出てきて当然である。しかし、それを認めれば王統は再び覆《くつがえ》り、政治的混乱が深刻化することは必至《ひっし》である。継体天皇側として、これは絶対に認められない。そのことを徹底しない限り、継体天皇系王統の安全と安定が確保できないことは、いうまでもない。この五世紀王家の後裔王族の無嗣確定こそが、継体天皇側が提示した最大の即位受諾の条件であったと考えられる。

しかし、そうした強圧的な要求は、かえって王権側から強い反発を招く虞《おそれ》もある。継体天皇側としても、前王統の後裔が王族としての地位と権利、王位継承権を放棄することとの代替措置《そち》、その宥和《ゆうわ》策の実施が不可欠であった。

そこで行なわれたのが、前王統の王族や后妃の名《な》を後世に伝える施策である。具体的には、彼らの名を冠した部《べ》、いわゆる名代《なしろ》の設置である。これによって、彼らの名＝歴史は後世に伝えられることになったが、名代から提供される生産物と労働力は、継体天皇系王族らの収入となった。さらに、名代の設置と並行して、各地域には王権の直轄領である屯倉《みやけ》が設定され、屯倉や名代が設定された一定領域の「クニ」を統轄する官人《かんじん》として、地域の豪族が国 造《くにのみやつこ》に任命された。

これらは、その名目とは裏腹《うらはら》に、継体天皇系王権の経済的基盤の拡充や地域支配の進展など、政治権力の強化につながったのである。

多発する事件

新政策は王権の権力基盤の強化と安定をもたらしたが、それまでの地域秩序を改変させることでもあったので、地域勢力との間に軋轢《あつれき》が生じる場合も少なくなかった。継体天皇の時に、北部九州で起こった筑紫君磐井《つくしのきみいわい》の乱については細かく触れることはしないが、『紀』は新政策実施にともなう軋轢を、次のように暗示している（平林一九八三、篠川一九九六・二〇一六）。

①継体天皇二十二（五二八）年十二月：筑紫国造磐井の子「筑紫君葛子《くずこ》、父に坐《よ》りて誅《つみ》せられんことを恐《おそ》りて、糟屋《かすや》屯倉（現・福岡県福岡市東区から東方地域）」を

献上した。

②安閑天皇元（五三四）年四月：伊甚国造《いじみのくにのみやつこ》の稚子直《わくごのあたい》が、珠《たま》の献上が遅延したことの責任追及を恐れて春日山田皇女の後宮《きさきのみや》の内寝《おおとの》に闖入《ちんにゅう》したことの贖罪《しょくざい》に、伊甚屯倉（現・千葉県夷隅《いすみ》郡と勝浦《かつうら》市あたり）を献上した。

③安閑天皇元年閏《うるう》十二月：三嶋《みしまの》県主《あがたぬし》の飯粒《いいぼ》が竹村《たかふ》の地（現・大阪府茨木市あたり）を献上したが、良田の貢進《こうしん》を惜《お》しんだ大河内直味張《おおしかわちのあたいあじはり》は、罰として三嶋竹《みしまのたか》村《ふ》屯倉に田部《たべ》（耕作農民）を出すことになった。

④安閑天皇元年閏十二月：武蔵《むさし》国造笠原直使主《かさはらのあたいおみ》が、上毛野君《かみつけののきみ》氏と連携する同族の小杵《おき》と国造職を争い、「国家の為《ため》に、横渟《よこぬ》（現・埼玉県比企《ひき》郡）・橘花《たちばな》（現・神奈川県川崎《かわさき》市と横浜《よこはま》市の一部）・多氷《おおひ》（現・東京都の中央部から西部地域）・倉樔《くらす》（現・神奈川県横浜市の中南部地域）、四処《よところ》の屯倉を置き奉《たてまつ》」ったので、国造に任命された。

よく似た出来事がほぼ同時期に集中することは、背景が共通していたことを物語る。また、屯倉の設置が事件の要《かなめ》であることは、推察の妥当性を支えている。

要するに、継体天皇が即位するにあたり、その条件について相互に交渉と検討が重ねられたのである。継体天皇側の出した条件は、前王統に連なる後裔王族としての地位、王位継承権の否定（無嗣の確定）と、地方支配と王権・新王家の経済的基盤の確保を目指した新政策の実施であった。

その新施策は、継体朝から欽明朝にかけての名代・屯倉・国造の設置、任命として、史料に現われているのであるが、この流れのなかで大臣蘇我氏が台頭することは、両者が無関係でなかったことを暗示している。

蘇我稲目《いなめ》の大臣《おおおみ》就任は、何を意味するか

履中・雄略朝の蘇賀満智《そがのまち》宿禰、雄略朝の蘇我韓子《からこ》宿禰に次いで、史書の上に具体的な動きがみえるのは、韓子宿禰の孫の蘇我稲目宿禰である。その前史が明瞭でないことから唐突感《とうとつかん》は否《いな》めないが、それは蘇我氏で最初の大臣任命であり、宣化天皇紀元（五三六）年条は次のように記している。

春正月に、都《みやこ》を檜隈《ひのくま》の廬入野《いほりの》に遷《うつ》す。因《よ》りて宮号《みやのな》とす。二月壬申朔《じんしんのさく》に、大伴金村大連《おおとものかなむらのおおむらじ》を以《もつ》て大連とし、物部麁鹿火《もののべのあらかひ》大連を大連とすること、並《ならび》に故《もと》の如《ごと》し。又《また》蘇我稲目宿禰を以て大臣《おおおみ》とす。阿倍大麻呂《あへのおおまろ》臣を大夫《まえつきみ》とす。

「並に故の如し」は再任を意味するが、稲目宿禰にはそれがないから大臣初任であろう。そのことは、次の欽明天皇即位前紀が、「大伴金村大連・物部尾輿《おこし》大連を大連とし、蘇我稲目宿禰を大臣とすること、並に故の如し」と記していることから明白である。

欽明朝の執政官が宣化朝からの再任であることは、安閑・宣化天皇と欽明天皇の対立、王権の混乱、「辛亥の変」を想定する立場には不利であろう。それよりも、問題は蘇我稲目が何の前ぶれもなく、唐突に宣化朝に大臣に任じられたようにみえることである。

しかし、蘇我氏はもちろん、任命権者である宣化天皇や政権を構成した群臣らには、稲目宿禰の大臣任命に同意する根拠、理由が存在したに違いない。先に満智宿禰や韓子宿禰から、五世紀代の蘇我氏像について素描を試みたが、それが大きく的《まと》をはずしてないならば、蘇我氏の台頭が必ずしも突然ではなかったことが理解されよう。

なお、宣化朝の蘇我稲目の大臣任命は、「分裂していた安閑・宣化王権と欽明王権とを不自然な形で連続させた結果起こった年紀上の」加上《かじょう》とする説もあるが（倉本一九九七）、「辛亥の変」の存在は認められないことから、そうしたこともあり得ない。

蘇我氏が強力な権力基盤を形成し得たことについて、これまでは王権のクラ（財政）の管轄や渡来系集団を掌握して先進文物《せんしんぶんぶつ》を優先的に受容したことなどが注目されてきた。おそらく、これらは副次的な事柄であり、主たる理由は大臣に任命されたところにこそ存在したと、とらえるべきであろう。

大臣・大連《おおむらじ》と、その任命について

そこで、王権の執政官（大臣・大連）関連の所伝を、すこし遡《さかのぼ》って概観してみよう。

伝説に覆われた武内宿禰《たけしうちのすくね》（建内宿禰）のことは定かでなく、応神天皇記には丸邇《わに》之比布礼《のひふれ》意富美《おおみ》の名がみえるが、執政官とは扱われていない。先に検討した履中天皇紀二年十月条に、円大使主《つぶらのおおおみ》が平群木菟《へぐりのつく》宿禰・蘇賀満智宿禰・物部伊莒弗大連《いこふつのおおむらじ》らとともに国事《こくじ》を執《と》ったとあるのが、具体的な最初の記事といえる。

円大使主（葛城円大臣《かつらぎのつぶらのおおおみ》）は履中朝から允恭・反正・安康天皇と、ほぼ半世紀間もその職位にあったことになるが、職位・職務に関する記述がないので、事実関係は見定めがたい。『紀』によれば、大草香《おおくさか》皇子（大日下《おおくさか》王）の遺児である眉輪《まよわ》王（目弱《まよわ》王）の変に関わり、葛城円大臣（都夫良意富美）は即位前の雄略に焼殺《しょうさつ》されたとあるから、この頃に葛城氏も衰亡したとみられる。

『紀』が伝える雄略朝の執政官は、平群真鳥《まとり》大臣・大伴室屋《むろや》大連・物部目《め》大連の三名で、ともに初任であった。

大連については、七世紀後半以降に姓《かばね》の連《むらじ》に美称の「大」を付して創作された敬称に過ぎず、執政官としての存在は認められないとする考えがある（倉本一九九七）。それとは反対に、大伴・物部両氏について（佐藤長門二〇〇九）、あるいは大臣・大連について（篠川二〇一六）、のちにそう記されるべき実態が存在したとみる立場もある。

史料が限られる五世紀代の大臣・大連の実在証明は困難であるが、二十二代清寧《せいねい》朝では、平群真鳥大臣・大伴室屋大連が「並に故の如し」と再任を記し、続く二十三代顕宗・二十四代仁賢朝には関連の記事がない。

ところが、二十五代の武烈天皇即位前紀は、仁賢天皇が死去した十一年八月のこととして唐突に大臣平群真鳥とみえるから、平群真鳥を仁賢朝の大臣と位置づけている。同じく、即位前の武烈が平群真鳥の子・鮪《しび》と奪い合った影媛《かげひめ》の父を、物部麁鹿火《あらかひ》大連と記しているが、彼についても大連任命の記事はない。なお、『記』では、平群志毘《しび》が争う相手は即位前の袁祁命《おけのみこと》（顕宗天皇）であり、女性の名も菟田首《うだのおびと》大魚《おおうお》とあり、平群真鳥大臣や物部麁鹿火大連のこともみえない。

次に、武烈天皇が平群大臣真鳥・鮪の父子を滅ぼして即位した日に、大伴室屋大連の孫の大伴金村を大連に任命したとみえるが、三年十一月には大伴室屋大連も詔《みことのり》を受けて水派邑《みまたのむら》（大和国広瀬《ひろせ》郡城戸《きのへ》郷、現・奈良県北葛城《きたかつらぎ》郡広陵《こうりょう》町の南部）に城《き》を作ったとある。祖父と孫が武烈朝に同時に大連であったという、やや整合的でない状況がうかがわれる。

このように、五世紀代の執政官関係記事は、信憑性にゆらぎがあり、大臣・大連の存在が確かであるとはいいがたい状況にある。関係記事の信頼性が高くなるのは継体朝以降であり、その元年二月甲午条には、即位に続いて次の記事がみえる。

大伴金村大連を以《もつ》て大連とし、許勢男人《こせのおひと》大臣を大臣とし、物部麁鹿火大連を大連とすること、並《ならび》に故《もと》の如《ごと》し。

いずれも再任である。大伴金村は、先述のように武烈天皇即位前紀が大連任命を記し、欽明朝までその職位にあった。物部麁鹿火は、武烈天皇紀に任命記事はないが、平群鮪の事件に影媛の父として物部麁鹿火大連とあるから、再任と位置づけられており、宣化朝まで大連の職位にあった。これらがほぼ認められるならば、武烈天皇政権から継体天皇政権へ権力の移譲が比較的なめらかに行なわれたことが読み取れよう。

許勢（巨勢）男人は平群真鳥大臣の後任ということだろうが、継体天皇紀元年正月甲子《かっし》条には、大伴金村大連が物部麁鹿火大連・許勢男人大臣らとともに継体天皇擁立を決めたとある。継体天皇紀では「並に故の如し」とあって再任と記すが、武烈天皇紀には許勢男人の大臣任命はみえないことから、問題も残る。

許勢《こせ》氏の大臣任命は捏造《ねつぞう》か

許勢氏は、大和国高市郡巨勢《こせ》郷（現・奈良県御所《ごせ》市古瀬《こせ》の曽我《そが》川流域）を本貫《ほんがん》とし、葛城氏や蘇我氏と同じく武内宿禰（建内宿禰）の後裔を称する有力氏族であり、外交での活躍が顕著《けんちょ》である。

ところが、武烈朝ならともかく、継体朝の許勢男人の大臣任命についても、疑義が唱えられている。

その論拠は、『記』には許勢男人の大臣任命がみえないこと、建内宿禰後裔系譜に許勢氏同族とみえる雀部《さざきべ》氏が提出した系譜修訂の要求と政府の対処を記した『続日《しょくに》本紀《ほんぎ》』天平勝宝《てんぴょうしょうほう》三（七五一）年二月己卯《きぼう》条などによる。やや長いが掲載しよう。

典膳正《てんぜんしょう》六位下《げ》雀部朝臣真人《あそんまひと》ら言《もう》さく、「磐余玉穂宮《いわれのたまほのみや》・勾金椅宮《まがりのかなはしのみや》に御宇《あめのしたしらしめ》し天皇の御世《みよ》に、雀部朝臣男人《おひと》、大臣《おおおみ》として供奉《つかえまつ》りき。而《しか》れども誤りて巨勢男《こせのお》人《ひと》大臣と記せり。真人らが先祖《さきつおや》、巨勢男柄宿禰《おからのすくね》が男《おのこご》三人有り。星川建日子《ほしかわのたけひこ》は雀部朝臣らが祖《おや》なり。伊刀《いと》宿禰は軽部《かるべ》朝臣らが祖なり。乎利《おり》宿禰は巨勢朝臣らが祖なり。浄御原朝庭《きよみはらのみかど》、八姓《やくさのかばね》を定めたまえる時に、雀部朝臣の姓を賜《たま》わりき。然《しか》れば、巨勢・雀部、元同祖《もとおなじきおや》なりと雖《いえど》も、姓を別《わか》ちて後《のち》、大臣に任《にん》せらる。今の聖運《せいうん》に当りて、改め正《ただ》すこと得《え》ずは、遂《つい》に骨名《かばねな》の緒《お》を絶《た》ちて、永《なが》く源《みなもと》無き氏《うじ》と為《な》らん。望み請《こ》わくは、巨勢大臣を改めて、雀部大臣として、名を長き代《よ》に流《つた》え、栄《さかえ》を後胤《のちのすえ》に示さんことを」ともうす。大納言従《だいなごんじゅ》二位巨勢朝臣奈弖麿《なでまろ》も亦《また》、その事を証明《あきらか》にす。是《ここ》に治部《じぶ》に下知《げち》して、請《こい》に依《よ》りて改め正さしむ。

つまり、巨勢男人が継体（磐余玉穂宮）・安閑（勾金椅宮）朝の大臣というのは誤りで、巨勢男柄宿禰の裔《すえ》として同祖であるが、実際に大臣であったのは雀部男人である、と申し立てた。その頃、巨勢氏の氏上《うじのかみ》であった大納言従二位巨勢朝臣奈弖麿もそれを認めたので、政府の記録を修正させたという。

これらのことから、許勢男人の大臣就任自体が疑問であり、『紀』の所伝は許勢氏が祖先伝承を飾《かざ》るために造作した伝承に過ぎない、との主張がある。

具体的には、許勢氏が蘇我氏らと同じ建内宿禰の後裔氏族に組み込まれた段階で、その子孫に相応《ふさわ》しい執政官氏族に許勢氏を位置づけるため、もしくは蘇我氏への対抗意識から、大臣就任の祖先伝承を創作した。その際、氏族に仮託する人物がいなかったため、同族の雀部男人を許勢氏の大臣として振り当てた、と説明する（直木一九六四、日野一九七二）。

しかし、所伝を捏造する上で許勢氏側に適切な人物がいないなら、その人物までも創作すればよい。そうすれば、雀部氏の祖を取り込む必要はなく、のちに異論が出される心配もない。また、大臣などの経歴が詐称された場合、他の氏族らはそれを何の抵抗感もなく許容したのだろうか。そうした行為が容認されていたならば、『記』『紀』の所伝のほとんどが虚偽、創作とみなくてはならないが、いかがであろうか。

要するに、許勢氏が男人の大臣就任記事を思うように捏造して、『紀』に載録されることが可能であったとは考えられない。雀部氏の主張には根拠があったのだろうが、今日では詳《つまび》らかではない。『紀』は、許勢男人大臣が継体天皇二十三（五二九）年九月に死亡したと記すが、右の『続日本紀』では雀部男人は継体朝から次の安閑朝まで大臣だったとあるから、それぞれの原史料が異なっていたと思われる。

ここで留意されるのは、雀部氏の異論が、継体朝に大臣であったという男人に対して唱えられていることである。男人が許勢氏か雀部氏かという問題を敷衍《ふえん》すれば、許勢男柄宿禰を祖と仰《あお》いでいた集団が許勢・雀部・軽部の三氏に分かれて、氏の名の確定したのがこの時である、という認識が導かれる。

こうした氏族の範囲と氏の名の確定は、許勢男柄宿禰の後裔集団だけでなく、当時の氏族全体に押し広げてのことであったとみられる。雀部や軽部などの名代の設置・

その伴造の任命を含め、これらは王権を構成する氏族の再編、その範囲や氏名《うじな》の確定という、継体天皇系王権による新たな施策の一つであった。

いずれにしろ、雀部朝臣真人らの主張は、許勢氏や雀部氏の直接的な祖である男人が、継体朝に大臣に任命されたことまで否定しているのではない。

葛城《かつらぎ》氏の滅亡と五・六世紀の政治状況

『記』『紀』における大臣・大連の任命記事は、問題の残る所伝が存在するものの、五世紀から六世紀にかけて、大臣の職位が葛城氏→平群氏→許勢氏（もしくは雀部氏）→蘇我氏へ継承されたという所伝が存在したことはまちがいなかろう。

大臣に任命された氏族の変遷には、五世紀の仁徳天皇系から六世紀の継体天皇系への王統交替、五世紀の王権を主導した葛城氏の衰滅《すいめつ》、外交の変化などの歴史的状況も考慮しなければならない。その上で大臣に任命された氏族の変遷を単純化し、推察を交えて記すならば、以下のようになろう。

葛城氏の滅亡後は、五世紀の葛城氏政権の有力成員の序列にしたがい、まず平群氏が大臣に就任、政権の継承がはかられた。しかし、王家と平群氏（真鳥大臣・鮪父子）の間に軋轢《あつれき》が生じて平群氏がその地位を失い、ほどなく武烈天皇も亡くなり、王権は崩壊の危機に陥った。

そこで、もう一つの執政官である大連の大伴金村・物部麁鹿火と、葛城氏政権で平群氏に次ぐ地位にあった許勢（雀部）男人らが中心となり、王権・王家の再構築がはかられた。この時の平群氏や許勢氏の大臣職は長く続かなかったが、百数十年後の大化五（六四九）年四月に巨勢徳陀古《とこだこ》が左大臣に任命されたのは、その伝統を踏まえた流れの一部であろう。

続く安閑朝には大臣の任命がみえず、執政官は大伴金村・物部麁鹿火の二人の大連であった。次の宣化朝になって、稲目が蘇我氏ではじめて大臣に任命された。これを平群真鳥や許勢男人らに並べて類推すれば、蘇我氏が葛城氏の政治的地位の継承者として王権内で公認されたことを意味している、と解される。

稲目が葛城氏の政治的地位の継承者と認められた一番の理由は、蘇我氏が葛城氏政権内の有力成員の一人であったことにあろう。葛城氏の政治的地位は、まず有力成員であった平群氏や許勢氏に継承されたものの、この場合は真人や男人の一代限りで終わり、さらに蘇我氏に継承されたのである。

五世紀の蘇我氏（前身集団）は、大王に臣従《しんじゅう》していない最有力の豪族で、蘇我稲目の大臣任命は臣従化の懐柔策《かいじゅうさく》とみる向きもあるが、蘇我氏はすでに五世紀から王権内部の集団であった。つまり、蘇我稲目の大臣任命は、蘇我氏が「王権の執政官を歴任した葛城氏の政治的地位の継承者」として、六世紀の王権で改めて認知されたことを意味している。

ただし、宣化・欽明朝の蘇我稲目の地位は、大伴金村と物部麁鹿火・尾輿《おこし》に次ぐ執政官の次々席《じじせき》であり、単独で王権をゆるがすほどの権力を掌握していたわけではない。蘇我氏も、平群氏や許勢氏のように大臣職が一代で終わる可能性がなかったわけではなかろう。そうならなかったのは、蘇我稲目が娘の堅塩媛《きたしひめ》や小姉君《おあねのきみ》を欽明天皇に入内させて、王家と深い姻戚《いんせき》関係を結ぶことができたからである。

ちなみに、『記』が大臣と記すのは、建内宿禰《たけしうち》・物部大前《おおまえ》小前《おまえ》宿禰・宗賀稲目《そがのいなめ》宿禰のわずか三名である。三名がいずれも「宿禰大臣」とあることは、それが特別な呼称として認識されていたことを示している。

大連は物部荒甲《あらかひ》大連のみであり、『記』が大臣・大連任命に強い関心があったようにはみえない。なお、履中天皇記には、墨江中王《すみのえのなかつ》の変に関わり、隼人《はやと》の曾婆訶理《そばかり》に大臣への任命を約束して王を殺害させたとあるが、正式に任命したわけではない。

蘇我氏が「葛城」の地に執着した理由

蘇我氏は、宣化朝になって葛城氏の職位を継承する氏として認められたが、当初から葛城氏の旧権益を順調に継承できたわけではなかった。たとえば、推古天皇紀三十二（六二四）年十月癸卯《きぼう》朔《のさく》条は、王家の所領である「葛城県《かつらぎのあがた》」の割譲をめぐり、推古天皇と大臣蘇我馬子《うまこ》の間で、おおむね次のような遣《や》り取りがあったと伝える。

蘇我大臣が阿曇連《あづみのむらじ》と阿倍臣摩侶《あへのおみまろ》を派遣して、「葛城県は、元臣《もとやつかれ》が本居《うぶすな》なり。故《かれ》、其《そ》の県に因《よ》りて姓名《かばねな》を為《な》せり。是《これ》を以《もつ》て、冀《ねが》わくは、常《ときわ》に其の県《あがた》を得《たまわ》りて、臣が封県《よさせるあがた》とせんと欲《ねが》う」と推古天皇に求めた。それに対して推古天皇は、

「今朕《いまわれ》は蘇何《そが》より出《い》でたり。大臣は亦朕《またわ》が舅《おじ》たり。故、大臣の言《こと》をば、夜《よい》に言《もう》さば夜《よ》も明《あか》さず、日《あした》に言さば日《ひ》も晩《くら》さず、何《いずれ》の辞《こと》をか用《もち》いざらん。然《しか》るに今朕《いまわ》が世にして、頓《ひたぶる》に是《こ》の県を失いてば、後《のち》の君《きみ》の曰《のたま》わまく、『愚《おろか》に癡《かたくな》しき婦人《めのこ》、天下《あめのした》に臨《きみとしてのぞ》みて頓に其の県を亡《ほろぼ》せり』とのたまわん。豈独《あにひと》り朕不賢《われおさなき》のみならんや。大臣も不忠《つたな》くなりなん。是後《これのち》の葉《よ》の悪《あ》しき名ならん」と語り、認めなかった。

実際に、両者の間でこのような会話が交《か》わされたかは確かでないが、安曇（阿曇）連・阿倍摩侶の派遣からみれば、割譲の要求自体は肯定的にとらえられる。内容は、蘇我氏が葛城氏の旧権益継承に執心していたことを、如実《にょじつ》に物語っている。なお、馬子が要求した葛城県の実態と現地比定、その歴史的変遷については、既著に詳述したのでそれに譲《ゆず》る（平林二〇一三）。

蘇我馬子の要求は推古天皇に拒否されたが、次の皇極天皇紀元（六四二）年是歳条からは、蘇我氏がその目論見の一端を達成していたことが読み取れる。

蘇我大臣蝦夷《えみし》、己《おの》が祖廟《おやのまつりや》を葛城《かつらぎ》の高宮《たかみや》に立てて、八佾《やつら》の儛《まい》をす。遂《つい》に歌を作りて曰《い》わく、

大和の　忍《おし》の広瀬を　渡らんと　足結《あよい》手作《たづく》り　腰作《こしづく》らふも

又尽《またふつく》に国挙《くにこぞ》る民《おおみたから》、并《あわせ》て百八十部曲《ももあまりやそのかきのたみ》を発《おこ》して、預《あらかじ》め双墓《ならびのはか》を今来《いまき》に造る。一つをば大陵《おおみささぎ》と曰《い》う。大臣の墓とす。一つをば小陵《こみささぎ》と曰う。入鹿《いるか》臣の墓とす。望《ねが》わくは死《みまか》りて後《のち》に、人を労《いたわ》らしむること勿《まな》。更《さら》に悉《ことごとく》に上宮《かみつみや》の乳部《みぶ》の民《たみ》を聚《あつ》めて、(乳部、此《これ》をば美父《みぶ》という。)塋兆所《はかどころ》に使役《つか》う。是《ここ》に、上宮大娘姫《かみつみやのおおいらつめの》王《みこ》、発憤《むつか》りて嘆《なげ》きて曰く、「蘇我臣、専国《たくめ》の政《まつりごと》を擅《ほしきまま》にして、多《さわ》に行無礼《いやなきわざ》す。天に二《ふた》つの日無く、国に二《ふたり》の王無し。何に由《よ》りてか意《こころ》の任《まま》に悉に封《よさ》せる民を役《つか》う」という。茲《これ》より恨《うらみ》を結びて、遂に倶《とも》に亡《ほろぼ》されぬ。

蘇我蝦夷は、蘇我氏の祖霊を祀《まつ》る祖廟《そびょう》を、葛城氏の本拠であった葛城高宮（大和国葛上郡《かつらぎのかみ》高宮郷、現・奈良県御所市西佐味《にしさび》から南郷《なんごう》あたり）に造立《ぞうりゅう》し、中国では天子

だけが催すことができる八人・八列の八佾の舞を催した。また、死後に人を煩《わずら》わせることがないよう多くの人民を徴発《ちょうはつ》して、生前に蝦夷・入鹿の墓を造営したが、それを天皇の墓所を意味する「陵《みささぎ》」と称した。さらに、廐戸《うまやと》皇子（聖徳太子）一族に給与されていた壬生部《みぶべ》（乳部）の人民を許可なく造墓《ぞうぼ》に使役したので、上宮大娘姫王（廐戸皇子の娘の舂米《つきしね》女王か）が憤慨《ふんがい》した、という。

周知の、皇極天皇四（六四五）年六月の乙巳の変で、蘇我氏本宗《ほんぞう》（嫡流）の蝦夷・入鹿が滅ぼされる原因と位置づけられている、横暴で僭越《せんえつ》な行ないの一つである。

葛城高宮の祖廟には、蘇我氏や葛城氏ら共通の祖という武内（建内）宿禰を祀ったのであろう。葛城県の割譲はかなわなかったけれども、右の記事は、この時点で蘇我氏が葛城氏のかつての所領や権益の多くを継承していたことを示している。

蘇我馬子や蝦夷が「葛城」に強く執着したのは、蘇我氏の大臣就任そのものが、葛城氏の政治的地位の継承を意味していたからに違いない。蘇我氏がこれほど強く「葛城」にこだわったのは、かつて葛城氏政権内で蘇我氏が一定の地位と役割を占めていたこと、滅亡後も葛城氏に対する名族意識が王権内に根強く存在していたこと、などにあると思われる。

崇峻《すしゅん》天皇殺害は、蘇我馬子《うまこ》の意思か

蘇我蝦夷・入鹿らが葛城氏の旧権益を継承していたことは、皇極天皇の即位事情からもうかがわれる。

大化前代《ぜんだい》の天皇の即位には、王権の意思決定に参与する執政官や群臣の支持が必須であり、いったん即位すれば、終身その位《くらい》にあるのが原則であった。それは、天皇が王権秩序の根源であり、それを体現する存在であったからである。前の王の死＝新王の即位は、王権秩序の更新と観念された。群臣らから共立、推戴《すいたい》されたとしても、その支持を失った天皇の行く末は死であった。崇峻天皇五（五九二）年十一月の蘇我馬子による崇峻天皇の殺害には、群臣層の意思が集約されている。

推戴される天皇の姿は、先の継体天皇や、次の女帝推古（額田部《ぬかたべ》皇女）の即位記事から、明らかである。

群臣《まえつきみたち》、渟中倉太珠敷《ぬなくらふとたましき》天皇の皇后《きさき》額田部皇女に請《もう》して、令践祚《あまつひつぎしらせまつ》らんとす。皇后辞譲《いな》びたまう。百寮《つかさつかさ》、表《もうしぶみ》を上《たてまつ》りて勧進《すすめまつ》る。三《みたび》に至《いた》りて乃《すなわ》ち従《したが》いたまう。

もちろん、百寮の三度の要請と辞譲《じじょう》というのは儀礼的・形式的なこと、もしくは文飾であろう。新王擁立の計画なくして、現王の殺害はあり得ないので、推古天皇の推戴は、崇峻天皇殺害の際には予定されていたに違いない。

さて、臣下らによる天皇殺害という大変事のあとに即位した推古天皇は、在位三七年、七五歳と思いのほか長命であったため、後継に予定されていた廄戸皇子が先に亡くなった。天皇位は必然的に天皇の孫の世代、すなわち二世王にめぐってきた。推古天皇の遺言が後継者について明確でなかったこともあり、敏達天皇の孫・田村《たむら》皇子と廄戸皇子の子・山背大兄《やましろのおおえ》王が、次の天皇位を争うことになった。

結局、蘇我蝦夷が群臣層の多数派を形成し、反対する叔父《おじ》・境部臣摩理勢《さかいべのおみまりせ》と山背大兄王の異母弟・泊瀬《はつせ》王を排除したことで、舒明天皇元（六二九）年に田村皇子が舒明天皇として即位した。蘇我蝦夷が非蘇我氏系の田村皇子を支持したのは、田村皇子が蝦夷の姉妹・法提郎媛《ほうてのいらつめ》との間にもうけていた古人大兄皇子《ふるひとのおおえ》を、次の天皇に期待したからである。

舒明天皇の父は押坂彦人大兄皇子《おしさかのひこひとのおおえ》、母はその異母妹である糠手姫皇女《ぬかでひめ》（田村皇女、宝王《たから》とも）であるが、彼女は飛鳥嶋宮《あすかしま》に住み王統で重要な位置を占めたことから、没後に嶋皇祖母命《しまのすめみおやのみこと》とも称された。舒明天皇の幼名「田村」は、母から継承したものである。

当時、大后《おおきさき》は王族出身でなければならず、舒明天皇は敏達天皇三世王である姪《めい》の宝皇女《たから》（のちの皇極天皇）を大后とし、葛城皇子《かつらぎ》（中大兄皇子《なかのおおえ》、のちの天智天皇）・間人皇女《はしひと》・大海人皇子《おおしあま》（のちの天武天皇）らをもうけている。

異例ずくめの女帝・皇極《こうぎょく》天皇

宝皇女は、舒明天皇没後に王位継承をめぐる表立った抗争があったようにみえないにもかかわらず、皇極天皇元（六四二）年に史上二人目の女帝・皇極として即位した。即位自体も謎に包まれているが、彼女は乙巳の変で蘇我氏本宗が滅ぼされると退位する。これも実質的には史上はじめてのことで、生前退位としての画期《かっき》である。

まずはその略歴をみてみよう。宝皇女は当初、用明《ようめい》天皇の孫の高向《たかむく》王と結ばれ漢《あや》皇子を産んだが、彼らのことはよくわからない。その後、彼女は叔父・田村皇子（のちの舒明天皇）と再婚するが、再婚の三世女王が二世王の夫の即位にともない立后《りっこう》、さらには二度も即位する。これもきわめて異例であるが、その出発点は田村皇子との再婚にある。

舒明天皇紀十三（六四一）年十月丙午《へいご》条には、舒明天皇の喪儀である百済の大殯《おおもがり》で、中大兄皇子は一六歳で誄《しのびごと》（死者を悼《いた》む言葉を述べる儀礼）を行なったとある。これによれば、中大兄皇子は推古天皇三十四（六二六）年の誕生であり、宝皇女が田村皇子と再婚したのは、そのすこし前の推古天皇三十二、三年頃のことであろう。

この時、宝皇女はすでに三〇歳を過ぎていたと思われるが、田村皇子はそれより先に蘇我馬子の娘の法提郎媛との間に古人大兄皇子をもうけ、時期は定かでないが敏達天皇と推古天皇の間に生まれた田眼《ため》皇女もキサキに入れ、また吉備《きび》の蚊屋采女《かやのうねめ》との間には蚊屋皇子が生まれている。

推古天皇三十（六二二）年二月、後継と目された厩戸皇子が亡くなり、中大兄皇子が誕生した推古天皇三十四年には大臣蘇我馬子が没し、推古天皇もその二年後に亡くなった。三〇歳を過ぎた宝皇女が田村皇子と再婚したのは、王権内で推古天皇の後継が現実問題として浮上し、強く意識され始めた頃である。王位を継承するには、年齢や王家内部での地位、人格や統治能力など、群臣らから支持を得る要件の他に、将来の大后に相応《ふさわ》しい王族出身のキサキの存在が不可欠であった。

すなわち、王位継承者として有望視される田村皇子に大后の候補者がいないとなれば、立場が不利になることは明らかである。そこで、将来の大后候補者として白羽《しらは》の矢《や》が立ったのが、再婚ではあるが、姪・宝皇女であった。

乙巳の変後に皇極天皇が自らの意思で退位したのは、天皇として王権秩序の体現ができなくなったからである。崇峻天皇の場合のように、王権の秩序を体現できない天皇に対して、群臣の意思が「天皇殺害」に集約される前に、先手を打って退位したのである。

彼女のあとは弟の軽《かる》皇子が孝徳天皇として即位し、いわゆる大化改新《たいかのかいしん》を進めたことは周知のところである。軽皇子は、姉の宝皇女が舒明天皇の大后になったことで、三世王から一世王に王族身分が上昇したものの、王家内部での立場は弱く、王族出身のキサキもいなかった。ところが、乙巳の変で姉から突然天皇位を譲《ゆず》られ、即位することになった。そこで慣例に倣《なら》い、即位が決定すると急いで迎え入れ、大后に立てられたのが、いまだ十代後半の姪・間人皇女であった。

これには、間人皇女の母である皇極女帝の意志が強く働いていたとみられ、彼女を大后に立てることが、軽皇子即位の条件の一つであった。間人皇女の立后事情は母の場合と酷似《こくじ》しているが、そこに当事者の意志が入る余地はなく、二人の間には子が生まれることなく終わった。

孝徳天皇が没すると、姉で先帝の皇極が斉明天皇として再び即位（重祚《ちょうそ》）するが、これも史上はじめてのことであり、彼女は異例ずくめの女帝であった。天皇位継承に関わる慣習を打破した女性であり、女帝だからなし得たともいえよう。

王家（天皇家）と蘇我氏の妥協

皇極天皇には、自身の属する王統（血脈）への強い執着がみてとれる。舒明天皇が亡くなった際は、時の王家内の序列にしたがえば、蘇我氏系の古人大兄皇子の即位が順当であったと思われる。蘇我氏と血縁が疎遠な彼女は、前の大后としてそれを阻止し、敏達天皇系の王統を継承させるべく、自ら即位したのである。

もちろん、無条件でそれが容認されたわけではない。群臣層を束《たば》ねる大臣蘇我氏による、葛城県を除いた葛城氏旧権益の継承許諾が交換条件であったと思われる。そのことは、皇極天皇即位とともに行なわれた、蘇我蝦夷らによる葛城高宮への祖廟造立・八佾の舞と今来への双墓《ならびのはか》の築造などの事業に表われている。これらは、蘇我氏が葛城氏旧権益を継承したことを示す、象徴的な営みと位置づけられる。

大臣蘇我氏による葛城氏旧権益継承の承認と、敏達天皇系王統に属する女帝皇極の即位は、時の王権内の権力均衡として一連の事柄であり、蘇我氏および蘇我氏系王族と、蘇我氏とは疎遠な敏達天皇系王族の、政治的妥協の産物であった。それによって、王家・王権内の権力均衡は一時的に保たれたが、皇極女帝の後継を目論《もくろ》む王族

（古人大兄皇子・中大兄皇子・有間《ありま》皇子ら）をめぐる緊張が高まっても、収まることはなかった。

このように、五世紀代の蘇我氏は、葛城氏を首班とする政権の有力成員であり、外交が重きをなした時代状況もあって、筆頭ではないが、その一翼を担う有力な存在であった。また、葛城氏滅亡後に大臣に就いたと伝えられる平群氏や許勢氏は、当時の王権内での序列は蘇我氏より上位であった。

武烈天皇から継体天皇へ王統が交替し、子の安閑天皇、続いて宣化天皇が即位して王権が安定したところで、蘇我稲目が大臣に任じられた。これは、蘇我氏が、葛城氏の政治的地位の継承者として王権内で認証されたことを意味する。しかし、欽明朝当初においても、蘇我稲目宿禰大臣の地位はいまだ大伴金村大連・物部尾輿大連に次ぐものであった。その後、蘇我氏は葛城氏の旧権益を継承し、かつ王家と姻戚関係を結ぶことで、王権内での地位強化を図《はか》ったが、それが進展すると、かえって反対勢力が醸成され、その後の本宗の滅亡に至るのである。

第三章　馬飼《うまかい》集団の謎

蘇我氏を称《たた》えた、推古《すいこ》天皇の歌

蘇我氏に関する先行研究は数多く蓄積されているが、これまでほとんど触れられてこなかったのが、馬・馬飼《うまかい》集団との関係である。「序」でも触れたように、馬・馬飼関係の文化を「馬匹《ばひつ》文化」と称するが、本章ではこれらを通して、蘇我氏の真の姿に迫っていく。

その最初の手がかりは、推古天皇紀二十（六一二）年正月丁亥《ていがい》（七日）条であるが、この日の宴《うたげ》で大臣《おおおみ》蘇我馬子は、天皇に觴《さかずき》とともに次の歌を献上したという。

やすみしし　我《わ》が大君《おおきみ》の　隠《かく》ります　天《あま》の八十蔭《やそかげ》　出《い》で立《た》たす　御空《みそら》を見れば
万代《よろずよ》に　斯《か》くしもがも　千代《ちよ》にも　斯くしもがも　畏《かしこ》みて　仕《つか》え奉《まつ》らん　拝《おろが》みて　仕えまつらん　歌献《うたづ》きまつる

推古天皇の小墾田宮《おはりだ》（現・奈良県高市郡明日香村の北部）が末永く立派なことを称《たた》え、そこに忠勤する決意を表明した内容である。それに応《こた》えた推古天皇は、次の歌を返したという。

真蘇我《まそが》よ　蘇我の子らは　馬ならば　日向《ひむか》の駒《こま》　太刀《たち》ならば　呉《くれ》の真刀《まさひ》　諾《うべ》しか
も　蘇我の子らを　大君の　使《つか》わすらしき

蘇我氏の人は、馬なら有名な日向の駒（譬武伽能古摩《ひむかのこま》）、太刀なら有名な呉《ご》国（中国南朝）の刀にたとえられるほど優《すぐ》れているので、大君がお使いになるのはもっともなことである、と蘇我氏を褒《ほ》め称えた内容である。

正月七日・人日《じんじつ》の宴は、中国南朝・梁《りょう》（五〇二〜五五七年）の宗懍《そうりん》が湖北《こほく》・湖南省《こなんしょう》地域の民間の年中行事を撰録した『荊楚歳時記《けいそさいじき》』にも記される、古代中国の正月儀礼である。この日、綵《いろきぬ》や金箔《きんぱく》を人の形に剪《き》った人勝《にんしょう》を作り、屏風《びょうぶ》に貼《は》り、前髪に飾った。

人勝は、災厄《さいやく》を払う際に用いる人形《ひとがた》の起源とみられるが、この日に七種菜羹《ななくさかゆ》を食して新年を祝した（中村喬一九九〇、中村裕一二〇〇九）。

ここでは、それが君臣《くんしん》の秩序を確認する政治的な意味を持った儀礼として催されているが、推古朝における宮廷儀礼の整備は遣隋使《けんずいし》の派遣と連動し（鈴木二〇一二）、のちには宮廷の年中行事としても定着する。

これまでは、この歌謡の歴史的意味や内容など、ほとんど顧《かえり》みられることがなかったが、古代の馬匹文化に関連する呪術《じゅじゅつ》宗教的な信仰もあわせて、みていこう。

馬匹《ばひつ》文化の先進地域・九州

倭《わ》国には本来、馬・牛はおらず、それらは四世紀後半から五世紀初頭頃に、大陸から導入した先進文化の一つであった。馬・牛は繁殖・飼育・調教しなければ、有効な利用は困難であり、専門的な知識・技術を必要とした。それに関わり、応神天皇紀十五年八月丁卯《ていぼう》条には、次のようにある。

百済《くだら》王、阿直伎《あちき》を遣《まだ》して、良馬二匹《よきうまふたつぎ》を貢《たてまつ》る。即《すなわ》ち軽《かる》の坂上《さかのうえ》の廏《うまや》に養《か》わしむ。因《よ》りて阿直岐を以《もっ》て掌《つかさど》り飼《か》わしむ。故《かれ》、其《そ》の馬養いし処《ところ》を号《なづ》けて、廏坂《うまやさか》と曰《い》う。阿直岐、亦能《またよ》く経典《ふみ》を読めり。即ち太子《ひつぎのみこ》菟道稚郎子《うじのわきいらつこ》、師《みふみよみ》としたまう。
……阿直岐は、阿直岐史《あちきのふびと》の始祖《はじめのおや》なり。

同じく、左の応神天皇記も百済から導入したと伝える。

亦百済国主照古王《またくだらのこにきししょうこ》、牡馬壹疋《おまひとつ》、牝馬《めま》壹疋を、阿知吉師《あちきし》に付けて貢上《たてまつ》りき。(此の阿知吉師は、阿直史等《あちきのふびとら》の祖。)亦横刀及《たちまた》大鏡を貢上りき。

阿直伎(阿直岐)と阿知吉師は同じ人物、阿直岐史と阿直史は同じ氏であり、軽の坂上の廏坂は、現在の奈良県橿原市大軽《おおかる》町近辺にあてられる。阿知吉師の「吉師」は、新羅《しらぎ》では官位一七等の第一四「吉士《きし》」にも取り入れられる、古代韓国語に由来する敬称であり、この人物と後裔氏族の名は「アチ」もしくは「アチキ」となる。
「日向の駒」について述べる前に、まず日向《ひゅうが》地域の馬匹文化について説明しよう。
延長《えんちょう》五(九二七)年に成立した律令の施行細則《しこうさいそく》『延喜式《えんぎしき》』によると、朝廷に必要な馬牛を飼育・調教する牧《まき》（牧場）には、馬寮《めりょう》（左《さ》馬寮と右《う》馬寮）管轄の「御牧《みまき》」と兵部省《ひょうぶしょう》管轄の「諸国馬牛牧《しょこくめごのまき》」などがあった。前者は甲斐《かい》（現・山梨県）・武蔵《むさし》（現・埼玉県、東京都、神奈川県の一部）・信濃《しなの》（現・長野県）・上野《こうずけ》（現・群馬県）など東国に多く、後者は東西の一八カ国に三九牧が散在していた。

日向《ひゅうが》国（現・宮崎県）には野波野《のなみの》馬牧・堤野《つつみの》馬牧・都濃野《つのの》馬牧・野波野《のなみの》牛牧・長野《ながの》牛牧・三原野《みはらの》牛牧がみえ、牧数は「諸国馬牛牧」所在国のなかで肥前《ひぜん》国（現・佐賀県、長崎県）と並んでもっとも多く、かつその半数が牛牧であるのも共通する。

このうち、都濃野馬牧は児湯《こゆ》郡都野《つの》郷（現・宮崎県児湯郡都農《つの》町）、長野牛牧は児湯郡三納《みのう》郷（現・同県西都《さいと》市三納《みのう》）もしくは那珂《なか》郡於部《おべ》郷（現・同県児湯郡高鍋《たかなべ》町か）、野波野馬牛牧と堤野馬牧は諸県《もろかた》郡（現・同県小林《こばやし》市）など、律令制下の諸県郡から児湯郡の地域に比定されている（北郷二〇〇七）。ただし、野波野牧の諸県地域比定を疑問とする説もあり（柴田二〇〇八）、なお確定的ではない。

いずれにしても、多くの「諸国馬牛牧」の設置は、火山裾野《すその》に広大な草原の広がる日向国で馬牛の飼養《しよう》が早くからさかんであり、推古天皇の歌謡にみえる駿馬《しゅんめ》「日向の駒」が文学的な虚像でなかったことを示している。

さらに、それが児湯郡・諸県郡・那珂郡と日向国南部に集中することから、五世紀代に当該地域で権勢を誇り、仁徳天皇に髪長媛《かみながひめ》を入内させたと伝える日向諸県君《ひゅうがのもろかたのきみ》氏が、その馬牛飼育集団と無縁であったとは考えられない。

大陸に近い九州に逸早《いちはや》く馬・牛の文化が定着したのは当然であるが、継体天皇紀六（五一二）年四月丙寅《へいいん》条には「筑紫《つくし》国の馬四十匹」を百済に賜《たま》わるとある。倭国は、かつては馬匹文化を導入した先進国・百済に、六世紀初頭には「筑紫国の馬四十匹」を供与できるほどになっていたのである。この場合の筑紫国は、牧が肥前国や日向国に集中分布することからみて、のちの筑前《ちくぜん》・筑後《ちくご》国（現・福岡県）地域ではなく、九州全域を指していると解される。

同じく欽明天皇紀七（五四六）年正月丙午《へいご》条の百済に供与した「良馬七十匹」、さらに欽明天皇紀十五年正月丙申《へいしん》条の「馬一百匹」なども、九州産の馬であった可能性が高く、六世紀の九州地域は馬匹文化の先進地であった。

日向国《ひゅうが》への集中

次に、日向国地域の考古学上の知見を紹介しよう。奈良時代以前の日向国は広大で、大宝《たいほう》二（七〇二）年に唱更国《しょうこうこく》（和銅《わどう》二年六月癸丑《きちゅう》以前に薩摩《さつま》国と変更）、和銅六（七一三）年に大隅《おおすみ》国が分立する前は、両国とも領域であった。

馬匹文化は、現在の宮崎県南部地域に顕著だが、同県東諸県《ひがしもろかた》郡国富《くにとみ》町の六野原《むつのばる》八号地下式横穴墓《おうけつぼ》の北二〇メートルに位置する五世紀中頃の土壙《どこう》から馬の顎骨《がくこつ》が、同県えびの市久見迫《くみざこ》遺跡の地下式横穴墓に近接する六世紀前半から中頃の土壙から馬の頭骨が出土し、馬の犠牲《いけにえ》祭儀もしくは被葬者とともに葬《ほうむ》った殉葬《じゅんそう》として注目される（桃崎一九九三）。

早くも五世紀中頃には、先進文化である馬の飼育が行なわれていたことは驚きである。古墳時代の馬具が出土した墳墓は南九州では宮崎県が中心であり、二〇〇四年度までに馬具が出土した古代墳墓は七一例を数える。そのうちの一八例が西都市と児湯郡地域、二五例が都城《みやこのじょう》市・えびの市・諸県郡地域に集中するが、特に後者はすべて隼人《はやと》との関係が想定される地下式横穴墓であり、この墓制《ぼせい》と馬匹文化の強い結びつきがうかがわれる。

　いっぽう、古墳から出土の一五例はかつての児湯郡に多いが、東諸県郡国富町の六野原一〇号地下式横穴墓出土のX字形環状鏡板付轡《かんじょうかがみいたつきくつわ》は、宮崎県内最古の馬具と目され、朝鮮半島南部の加耶《かや》地域に特有の形式である。宮崎市の下北方《しもきたかた》五号地下式横穴墓出土の鐙《あぶみ》も加耶・百済系の様式で、右の二例は五世紀代のものという（柴田二〇〇八）。ちなみに、轡とは馬の口に噛《か》ませ手綱《たづな》をつける馬具であり、鐙は人間が足をかけ踏ん張るための馬具である。

　これらは、熊襲《くまそ》（熊＝肥後《ひご》の球磨《くま》川流域、襲＝大隅半島曾於地域）や隼人（大隅・阿《あ》多《た》・薩摩）が住む僻遠《へきえん》の地という中央的認識に反し、早くに先進文物を導入していた南部九州の特色を示すものである。

　さらに、馬を埋葬した遺構が、宮崎市山崎《やまさき》町の山崎下ノ原《やまさきしものはる》第一遺跡（砂丘列上に六世紀末～七世紀前半の馬埋葬土壙六基）、山崎上ノ原《かみのはる》第二遺跡（五世紀後半～七世紀中葉の遺跡で六世紀後半を盛期とするが、竪穴住居五八、土壙墓四基、鉄滓《てっさい》、鞴羽口《ふいごはぐち》、鍛造剝《たんぞうはく》片《へん》など鉄器生産遺物、竪穴住居埋土中から馬歯出土七カ所）、児湯郡新富《しんとみ》町の祇園原《ぎおんばる》古墳群（前方後円墳一四基、円墳《えんぷん》一七八基、円墳の周濠《しゅうごう》およびその付近で一〇基の馬埋葬遺構）などからも出土している。これらは、五世紀から日向地域に、馬匹文化が定着していたことを語っている。

これらを参酌《さんしゃく》すれば、日向国南部地域や隼人らの間に、これまでの予想よりも早くに馬匹文化が定着していたことは確かである。馬匹文化などの先進文物の導入をめぐり、日向国地域と朝鮮半島南部の百済や加耶との、積極的な交流も想定される。

『日本三代実録《にほんさんだいじつろく》』貞観《じょうがん》二（八六〇）年十月八日甲申《こうしん》条には、「大隅国吉多《よしだ》・野神《のかみ》二牧を廃す。馬多た蕃息《あまはんそく》して百姓《ひゃくせい》の作業《なりわい》を害するに縁《よ》る」とある。九世紀中頃でも、大隅国吉多・野神（現・鹿児島県始良市《あいら》）牧では、近隣の農民と利害が対立して牧を廃止しなければならないほど、多くの馬が飼育されていた。

大和国《やまと》と日向国の興味深い符合

海人《あま》（海洋民）的文化要素が濃厚である日向国南部の人々や隼人の間に、どのようにして馬匹文化が定着したかは、いまだ明瞭でない。『肥前国風土記《ひぜんのくにふどき》』松浦《まつら》郡値嘉《ちか》郷条は、値嘉嶋《ちかのしま》（現・長崎県五島《ごとう》列島）の白水郎《あま》（海人）の特色について、次のように記している。

彼《か》の白水郎は、馬・牛に富めり。……此《こ》の嶋《しま》の白水郎は、容貌《かたち》、隼人に似て、恒《つね》に騎射《うまゆみ》を好み、其の言語《ことば》は俗人《くにひと》に異《こと》なり。

右の所伝から、隼人が馬・牛を飼育し、騎馬・騎射に巧《たく》みな集団として知られていたことがわかる。古代の海人が、馬匹文化を保有していたことも興味深いが、大陸産の馬が船に載《の》せてもたらされたことを思えば、当然であろう。

日向国南部地域や隼人と馬匹文化、および王権との関係を考察する上で注目されるのが、藤原《ふじわら》京左京《さきょう》七条一坊（推定・衛門府《えもんふ》跡）から出土した、大宝元年・二年を中心とする一括性の強い木簡《もっかん》群における、次の木簡（下端切断、裏面割愛《かつあい》）である（木簡学会二〇〇三）。ちなみに、隼人司《はやとし》は宮城の門を守護する衛門府の管轄下だったが、のち大同《だいどう》三（八〇八）年正月に衛門府に統合され、同年七月、兵部省に移管された。

日向久湯評人□（平か）
漆部佐俾支治奉牛卅
又別平群部美支□（治か）

「日向久湯評《ひゆうがこゆのこおり》」は大宝令以前の表記で、以降は日向国児湯《こゆ》郡となり、国府《こくふ》や国分寺《こくぶんじ》（写真6）が置かれた日向国の中心である。九三〇年頃に編纂された辞書『倭名類聚抄《わみようるいじゆうしよう》』には、児湯郡に平群《へぐり》郷がみえ、現在の宮崎県西都市平郡《へごおり》にあてられる。木簡の「平群部美支《へぐりべのみき》」は、この地に縁《ゆかり》の人物で、「漆部佐俾支《ぬりべのさひき》」が貢進した三〇頭の牛も、児湯郡からのものである。先に触れた兵部省管下の「諸国馬牛牧」として、日向国には六カ所の牧がみえるが、その半ばが牛牧であることにも照応する。

「平群部」は、大和国平群郡（現・奈良県生駒《いこま》市、同県生駒郡平群《へぐり》町と斑鳩《いかるが》町、同県大和郡山市の南部）を本貫《ほんがん》とした平群《へぐり》氏の部曲《かきべ》（領有民）であり、平群部の分布や関連地名の存在は、平群氏と日向国地域の関係を示唆している。平群氏は元来、馬飼集団・

写真6　日向《ひゅうが》国分寺跡

宮崎県西都市所在。1871年に廃寺となった

馬匹文化との結びつきが強い（辰巳一九九四、笹川二〇〇五）。

まず、武烈天皇即位前紀の伝える、海柘榴市《つばきち》（現・奈良県桜井市金屋《かなや》の南部あたり）の巷《ちまた》で催された歌垣《うたがき》において、平群鮪《しび》と太子の武烈が物部《もののべの》麁鹿《あらか》火《ひ》大連の娘・影媛《かげひめ》を争う物語のなかで、武烈が平群鮪の父・平群真鳥《まとり》大臣に「官馬《つかさうま》」を求めたが、久しく進上しなかったとある。

平群真鳥らが滅ぼされる原因と伝えるが、平群氏が官馬の管理に従事していたことが知られる。また、敏達天皇紀十四（五八五）年三月丙戌《へいじゅつ》条は、物部守屋《もりや》大連と蘇我馬子宿禰《すくね》による仏教崇廃《すうはい》抗争記事として知られるが、廃仏許可の詔《みことのり》を得た守屋の命を受けた有司《つかさ》は、善信《ぜんしん》ら三名の尼僧《にそう》を禁錮《きんこ》して「海石榴市の亭《うまやたち》」で鞭《むち》打ちに処したとあり、海柘榴市には王権の亭《うまやたち》（廏《うまや》）もあった。

推古天皇紀十六（六〇八）年八月癸卯《きぼう》条に、額田部連比羅夫《ぬかたべのむらじひらぶ》が飾《かざ》り馬七五匹をもって、隋《ずい》の使者・裴世清《はいせいせい》の一行を海石榴市の術《ちまた》に出迎えたとあるのも、ここが水陸交通の要衝であるとともに、王権の廏が置かれていたことに関わる。

平群氏は、ここ海柘榴市に置かれた王権の廏と馬の管理に従事していたのである。なお、用明天皇紀元年五月条によれば、海柘榴市には敏達天皇の大后《おおきさき》である推古（額田部皇女）の後宮《きさきのみや》の海石榴市宮があったことも、この地と馬匹文化との結びつきを示している。

馬飼集団・平群《へぐり》氏

葛城《かつらぎ》氏の滅亡後、平群氏は雄略朝から仁賢朝まで、真鳥が大臣職にあったと伝えられる。その出自を伝える建内宿禰《たけしうちのすくね》後裔系譜には、平群都久《へぐりのつく》宿禰の後裔として平《へ》群臣《ぐりのおみ》・佐和良臣《さわらのおみ》・馬御織連《うまみくいのむらじ》がみえる。馬御織連氏は、『新撰姓氏録』大和国皇別条に「馬工連《うまみくいのむらじ》。平群朝臣《あそん》と同じき祖。平群木兎《つく》宿禰の後《すえ》なり」とある、馬工連と同じ氏とみられる（佐伯一九八二）。

平群氏と馬飼集団が同祖を称していたのであるが、具体的には、次の『紀氏家牒』逸文から明らかになる。

○家牒に曰《い》わく、家は大倭国《やまとのくに》平群県《へぐりのこおり》平群里《さと》なり、故《ゆえ》に称して平群木兎宿祢《つくのすくね》と曰う、是《こ》れ平群朝臣《あそん》・馬工連等《うまみくいのむらじら》の祖《おや》なり。

○又云《またい》わく、額田早良宿祢《ぬかたさわらのすくね》の男《こ》、額田駒宿祢《こまのすくね》、平群県に在《あ》る馬牧に駿駒《しゅんく》を択《えら》び養《か》いて、天皇に献《たてまつ》る。勅《みことのり》して姓《うじ》馬工連を賜《たま》い、飼《かうこと》を掌《つかさど》らしむ。故に其《そ》の養《よう》駒《く》の処《ところ》を号《な》づけて生駒《いこま》と曰う（又云わく、額田駒宿祢の男、□□馬工御織連）。

○紀氏家牒に曰わく、平群真鳥《まとり》大臣の弟、額田早良宿祢の家は平群県額田里なり、父氏《うじ》を尋《つ》がずして・（母氏二字脱か）姓額田首《ぬかたのおびと》を負《お》う。

要するに、「平群朝臣と馬工連は、平群木兎宿禰を祖とする同族である。平群県にある馬牧で、額田早良宿禰の子の額田駒宿禰が駿駒を飼育して天皇に献上したので、馬工連の氏姓を与えられた。この馬工連氏に馬飼の事を管掌させたので、その地を生駒というようになった」という。

また、「平群真鳥大臣の弟である額田早良宿禰は平群県額田里（平群郡額田郷、現・奈良県大和郡山市額田部《ぬかたべ》町）に住んだが、母系の氏姓である額田首を称した」と伝える。馬御織連（馬工連）氏だけでなく、額田早良宿禰（のち早良臣《さわらのおみ》氏）や額田首氏も、平群氏の同族であるという。さらに、これと照応する所伝が、次の『新撰姓氏録』河内国皇別条にみえる。

額田首
早良臣と同じき祖。平群木兎宿禰の後《すえ》なり。父の氏を尋がずして、母の氏の額田首を負えり。

右の河内国の額田首氏の本貫は、河内郡額田郷（現・大阪府東大阪市額田《ぬかた》町）である。平群氏系馬飼集団である額田首氏が、大和国平群郡額田郷と河内国河内郡額田郷の両所に本拠を有したことは、古代の馬飼集団の実態を知る上で重要である。重ねて、次の仁賢天皇紀六年是歳条の、皮革技術者の渡来伝承も参考になる。

　日鷹吉士《ひたかのきし》、高麗《こま》より還《かえ》りて、工匠須流枳《てひとするき》・奴流枳《ぬるきら》等を献《たてまつ》る。今大倭《やまと》国山辺《やまのへ》郡額田邑《ぬかたのむら》の熟皮高麗《かわおしのこま》は、是《これ》其の後《すえ》なり。

　彼らは、次項で述べる馬飼集団・額田部連氏らから供給される、馬などの原皮《げんぴ》の加工を目的として招聘《しょうへい》され、額田部村の近隣に居住した（前沢一九七六）。令《りょう》の註釈を集めた九世紀中頃成立の『令集解《りょうのしゅうげ》』大蔵省条古記《こき》にいう「狛戸《こまこ》」は、その後裔である（仁藤二〇〇二）。

　このように、「額田」は馬飼集団・馬匹文化に関係深い名辞《めいじ》であり、大和国平群郡額田郷と河内国河内郡額田郷には、同じ平群氏系の馬匹集団・額田首氏も集住していた。彼らは、王権に必要な馬の飼育・管理に従事し、前者は倭馬飼《やまとのうまかい》、後者は河内馬飼《かわちのうまかい》に編成された。

法隆寺の西、奈良県生駒郡斑鳩町にある藤ノ木《ふじのき》古墳（六世紀後半）の未盗掘石棺《せっかん》から、象・龍・鳳凰《ほうおう》・鬼神《きじん》などを透彫《すかしぼ》りにした、類例のない金銅《こんどう》製の見事な鞍金具《くらかなぐ》をはじめとする、装飾用馬具などが発見されたのは、約三〇年も前のことである（奈良県立橿原考古学研究所一九八九）。これらは海外だけでなく、平群郡の馬飼集団・馬匹文化との関係についても検討が必要であろう。

額《ひたい》に旋毛《つむじ》を持つ額田馬《ぬかたうま》

推古天皇紀十九年五月五日条に、粟田臣細目《あわたのおみほそめ》を前部領《さきのことり》、額田部連比羅夫を後部領《しりえのことり》として菟田野《うだの》（現・奈良県宇陀《うだ》市）で、滋養強壮の薬効で知られた鹿の若角（鹿茸《ろくじょう》）を獲《と》る薬猟《くすりがり》を行なったとある。薬猟は、『万葉集《まんようしゅう》』巻一六の三八八五番「乞食者詠《ほかいびとのうた》」から、平群氏の本貫である平群郡平群山でも行なわれていたことが知られる。

こうした鹿猟《しかがり》は騎馬、騎射によるもので、馬飼集団の特技でもあった。

額田部連氏の馬との関わりを明白に示しているのが、『新撰姓氏録』左京神別下の次の所伝である。

額田部湯坐連《ゆえのむらじ》
天津彦根命《あまつひこねのみこと》の子、明立天御影命《あけたつあめのみかげのみこと》の後《すえ》なり。允恭《いんぎょう》天皇の御世《みよ》に、薩摩国に遣《つかわ》されて、隼人を平《ことむ》けて、復奏《かえりごともう》しし日《とき》に、御馬《みうま》一疋《ひとつ》を献《たてまつ》りけるに、額《ぬか》に町形《まちがた》の廻毛《つむじ》有り。天皇嘉《よろこ》ばせたまいて、姓《うじ》を額田部と賜《たま》うなり。

湯坐《ゆえ》は王族・貴人の子の養育やそれを担う人のことで、額田部湯坐連氏は額田部皇女（のちの推古天皇）の養育に従事した集団である。その祖が、薩摩に派遣され、隼人を平定した際に入手した馬を允恭天皇に献上した。天皇は、馬の額《ぬか》（ひたい）に町形の廻毛（旋毛）があったことを喜び褒《ほ》めて、額田（部）と賜姓したという。

馬の額に町形の旋毛のあることが天皇を嘉ばせること、名馬のしるしと観念されていたのである。ただし、五世紀中頃の允恭朝に、薩摩「国」や額田「部」が存在したわけではなく、祖先の功績譚《たん》にのちの用語を遡及《そきゅう》させて用いたものである。

重要なのは、隼人から額に町形の旋毛のある駿駒を入手したこと、隼人の間では良質の馬が飼育されていたことであるが、同じく大和国神別にも次のようにある。

額田部河田連《かわたのむらじ》

同じき神の三世孫、意富伊我都命《おおいがつのみこと》の後《すえ》なり。允恭天皇の御世に、額田馬を献りけるに、天皇、勅《みことのり》したまわく、此《こ》の馬、額は田町如《たまちな》せりと。仍《よ》りて姓を額田連と賜いき。

氏名《うじな》の河田は皮革工人（カワタクミ）のことであるが、ここでも允恭天皇に、額に「田町如」すという特徴のある「額田馬」を進上したので、額田連を賜姓されたと伝える。「額は田町如せり」は、「額に町形の廻毛の有り」とあることと同じ内容を指している。額田馬は隼人から入手したということだが、額に「町形の廻毛」がある、「田町如」している隼人馬は駿駒として尊《とうと》ばれ、「額田馬」と称されたのである。額田馬とは、隼人の飼養する駿駒であった。

允恭天皇紀四十二年十一月条に、天皇の死去に際して派遣された新羅王の弔問使《ちょうもんし》帰国に「倭飼部《やまとのうまかいべ》」が従ったとある。倭飼部はのちの表記だが、右の額田馬貢進《こうしん》伝承に時代を照応させることもできよう。

六世紀には、額田部連氏らは王権から倭馬飼《やまとのうまかい》に編成されていたが、天武天皇八（六七九）年十一月に倭馬飼部造《やまとのうまかいべのみやつこ》連《むらじ》を大使として南九州の多禰嶋《たねのしま》（現・鹿児島県西之表《にしのおもて》市種子島《たねがしま》）に派遣したことは、倭馬飼と南九州の古くからの関係の上でのこととも考えられる。

右は、額田馬・額田（部）の名の由来が隼人馬と強く連関することとして、額田部（湯坐・河田）連氏により、象徴的に伝承されてきたことを示している。しかし、額田馬の旋毛については具体像が不明であることから、単なる説話として片づけられ（田中卓一九八六）、あるいは事実でないとして（仁藤二〇〇一）、これまで深く追究されることはなかった。

しかし、日向が馬の産地であったことや、古代における馬の重要さを思えば、説話として見過ごすことはできない。なかでも、額に町形・旋毛のあることが天皇に献上されるに相応《ふさわ》しい名馬とされる理由なら、そのことに重い意味があったとみなくてはならない。

隼人馬の額の特徴が「額田馬」「額田（部）」の名の由来であり、それが額の「町形の廻毛」「田町」にあるならば、その実態と意味を明らかにする必要があろう。それには額田・町形（田町）を具体的に示す必要があるが、やや複雑な手続きが必要なため、次章で述べよう。

馬飼集団・河内《かわち》馬飼

平群氏と額田部連氏の関係については、馬に関する職務期間の前後関係で理解する向きもある（森公章二〇〇一）。

ただし、平群氏の本貫・大和国平群郡に額田部連氏の本貫・額田郷があるだけでなく、日向国児湯郡平群郷や筑前国早良郡にも平群郷・額田郷・早良郷が分布することなどを考えれば、平群氏や同族の早良（佐和良）氏・額田首氏、額田部連氏らは、王権内の馬飼集団として連携して行動していたと解される。

また、平群氏や額田部連氏ら王権膝下《しっか》の馬飼集団が、日向諸県君《ひゅうがのもろかたのきみ》氏や隼人《はやと》らと馬匹文化を介して緊密な関係にあったこともまちがいない。

ややのちの史料であるが、天武天皇紀朱鳥《あかみとり》元（六八六）年九月丙寅《へいいん》条に、「次に大《おお》隅《すみ》・阿多《あた》隼人、及び倭《やまと》・河内馬飼部造《かわちのうまかいべのみやつこ》、各《おのおの》誄《しのびごとたてまつ》る」とある。九月九日に天武天皇が亡くなり、二十九日に大隅・阿多隼人と倭・河内馬飼部造が殯《もがり》宮でそろって誄《しのびごと》をしているのも、偶然のこととは思われない。

倭・河内馬飼とは、単に倭国（大和国、現・奈良県）や河内国（現・大阪府の東部）に住んでいる馬飼集団ということではない。王権に必要な馬を供給する目的で、王権によって組織され、その基盤地域である倭・河内に配置された馬飼集団のことである。

「日向《ひむか》の駒《こま》」と河内馬飼について考える際に、河内日下《くさか》（草香、現・大阪府東大阪市日《くさ》下《か》町）の歴史地理的背景が示唆となる。

日下の地域は、日向諸県君氏を核とする日向・隼人系集団の一大移住地であり、諸県君氏から出た髪長媛《かみながひめ》と仁徳天皇の間に生まれた大日下王《おおくさか》・若日下王《わかくさか》の居住に象徴される、日向系女性らが天皇との間にもうけた王族「日下宮《くさかのみや》王家」の拠地でもあったことは、先著にも述べた（平林二〇一五a）。

また、日向を発して東遷してきた神武天皇が、大和へ入ろうとした際の、日下での戦《いくさ》も参考になる。神武天皇即位前紀から関連する所伝を摘記しよう。

①皇師《みいくさ》兵《つわもの》を勒《ととの》えて、歩《かち》より龍田《たつた》に趣《おもむ》く。而して其の路《みち》狭《さ》く嶮《さが》しくして、人並《な》み行くこと得ず。乃《すなわ》ち還《かえ》りて更《さら》に東胆駒山《いこまやま》を踰《こ》えて、中洲《うちつくに》に入らんと欲《おもお》す。

②時に長髄彦《ながすねびこ》……則《すなわ》ち尽《ふつく》に属《したが》える兵を起《おこ》して、徼《さえぎ》りて、孔舎衛坂《くさえのさか》にして、与《とも》に会《あ》い戦《たたか》う。

③「今我《やつかれ》は是日神《これひのかみ》の子孫《うみのこ》にして、日に向《むか》いて虜《あた》を征《う》つは、此天道《これあめのみち》に逆《さか》れり。……」とのたまう。……却《かえ》りて草香津《くさかのつ》に至りて、盾《たて》を植《た》てて雄誥《おたけび》したまう。……因《よ》りて改めて其《そ》の津を号《なづ》けて盾津《たてつ》と曰《い》う。今蓼津《たでつ》と云《い》えるは訛《よこなば》れるなり。

④初《はじ》め孔舎衛の戦に、人《ひと》有りて大きなる樹《き》に隠れて、難《わざわい》に免《まぬか》るること得たり。仍《よ》

りて其の樹を指《さ》して曰わく、「恩《うつくしみ》、母《おも》の如《ごと》し」という。時人《ときのひと》、因りて其の地を号けて、母木邑《おものきのむら》と曰う。

もちろん、物語の史実性を追究することは困難であるが、ここでの問題は、各傍線部の「胆駒山（生駒山）」「孔舎衛坂（日下江坂）」「草香津（日下津）」「母木邑」の地理的位置である。

母木邑は日下（現・大阪府東大阪市日下町）の南約二キロメートルに位置する河内国河内郡豊浦郷《とようら》（現・同府東大阪市豊浦町）に求められる。ここは、継体天皇紀二十四（五三〇）年九月条に、わが国と関係の深い朝鮮半島南部の任那《みまな》の復興に派遣された近江毛野臣《おうみのけなのおみ》の従者とみえる、河内母樹馬飼首御狩《かわちのおものきのうまかいのおびとみかり》（同二十三年四月条には河内馬飼《かわちのうまかいの》首御狩《おびとみかり》）の拠地である。

さらに、日下と豊浦郷の間に位置するのが河内郡額田郷（現・大阪府東大阪市額田町）であるが、ここは先に述べた平群氏同族の馬飼集団・額田首氏の本貫である。日下を含む河内郡（現・同府東大阪市の東半部、同府八尾《やお》市の一部）から北接する讃良《さらら》郡

（現・同府四條畷《しじょうなわて》市、同府大東《だいとう》市、同府寝屋川《ねやがわ》市の南東部）一帯は、河内馬飼の拠地として周知されている（佐伯一九七四、野島一九八四、森公章二〇〇一、大阪府立狭山池博物館二〇一六）。

遺跡から出土する馬具の数々《かずかず》

河内馬飼が史料にはじめてみえるのは、履中天皇紀五年九月壬寅《じんいん》条の、天皇の淡路《あわじ》島《しま》での狩猟に従事したという「河内飼部《うまかいべ》」であるが、孤立的で具体性に欠ける。確実なそれは、継体天皇紀元年正月丙寅《へいいん》条の、即位前から継体天皇と親交があったという河内馬飼首荒籠《うまかいのおびとあらこ》である。このことは、五世紀代には、この地域に馬飼集団の定着があったことを示している。

なかでも、讃良郡は河内馬飼の本拠として知られ、天武天皇紀十二（六八三）年十月条の娑羅羅馬飼造《さららのうまかいのみやつこ》氏・菟野馬飼造《うののうまかいのみやつこ》氏、平安時代はじめ成立の最古の説話集『日本霊異記《にほんりょういき》』中巻四十一縁《えん》の更荒《さらら》郡馬甘《うまかい》里、「讃良郡山家《やまが》郷《ごうの》人《ひと》宗我部《そがべの》飯麻呂《いいまろ》馬七匹得四百六十」と墨書された天平十八（七四六）年の木簡など、関連史料は多い。そのうち、大阪府東大阪市日下町の北約四〜五キロメートルに位置し、近年とみに古墳時代の馬の骨や歯の出土集中域として知られる四條畷市域の状況の一端を紹介しよう。

蔀屋北《しとみやきた》遺跡からは、古墳時代中期の埋葬された馬の全骨格（体高約一二四センチメートル）、鉄製轡《くつわ》、樫《かし》の一木造《いちぼくづく》りの鐙《あぶみ》二点、黒漆塗《くろうるしぬ》りの木製の鞍《くら》、馬飼の必需品である塩を供給した製塩《せいえん》土器約一五〇〇個、海人との関係を示唆する井戸枠に転用した準構造の船底、渡来系集団との関係を示す陶質《とうしつ》や韓式系《かんしきけい》土器などが検出されている。

中野《なかの》遺跡からは、古墳時代中期の井戸内の堆積層《たいせきそう》から板材の上に載せた馬の頭骨が出土、頭骨の上には石と土器が置かれ、馬の頭部《とうぶ》を用いた井戸（水神）祭祀を示している。他の場所からも、焼けた木と馬の下顎《かがく》骨、製塩土器のほか陶質や韓式系の土器が出土している。

奈良井《ならい》遺跡からは、古墳時代中期の一辺四〇メートルの方形台状地形を囲う溝《みぞ》から七頭分の馬の頭骨が出土したが、馬を犠牲《いけにえ》に用いた祭祀《さいし》遺構である。一体は板に載せられた状態で全骨格が検出されたが、体高は約一二〇センチメートルであった。馬の飼育道具である鞭《むち》と刷毛《はけ》、三六個の滑石製臼玉《かっせきせいうすだま》入り須恵器大甕《すえきおおかめ》、陶質土器や韓式系土器、二メートル×一メートルの石組製塩炉《いしぐみせいえんろ》遺構なども出土した。

古墳時代中期の鎌田《かまだ》遺跡では、一辺一四メートルの方形の台状区画の幅約四メートル、深さ約一メートルの溝から馬の下顎骨、歯、製塩土器、初期須恵器、祭祀用の楽器スリササラ、祭祀用具を載せて飾る台、非実用の木製鏃《やじり》や鳥形《とりがた》木製品、各種の滑石製玉類、ガラス玉など、馬を犠牲にした祭祀遺構が検出されている（『四條畷市史』第五巻、大阪府立近つ飛鳥博物館二〇〇六、野島二〇〇八、四條畷市立歴史民俗資料館二〇〇九、藤田道子二〇一一、大阪府立狭山池博物館二〇一六）。

日下《くさか》と日向の結びつき

このように、五世紀代には生駒山を挟《はさ》んだ東・西山麓に馬飼集団が集住しており、王権に従属する馬飼集団として、倭馬飼・河内馬飼に編成されていた。

雄略天皇記で、天皇が日下の直越道《ただごえみち》を使って河内日下にいる若日下王《わかくさか》を訪れ求婚した際に詠《よ》んだという歌謡に、「日下辺《くさかべ》の　此方《こち》の山と　畳薦《たたみごも》　平群の山の　此方此方《こちごち》の……」と、日下と平群が山を挟む一体的な地ととらえられているのも参考になる。

平群氏系の額田首氏が、河内と平群の二つの額田《ぬかた》に拠地を有したことからも、河内馬飼と倭馬飼が相互に交流のあったことは確かであろう。

安閑天皇紀二（五三五）年九月丙辰《へいしん》条に、大伴金村大連に「牛を難破《なにわ》の大隅嶋《おおすみのしま》と媛嶋松原《ひめしまのまつばら》とに放《はな》て。冀《ねがわ》くは名を後《のち》に垂《た》れん」と勅《みことのり》したとあるのも参考になる。名を伝えるためというから、先述の名代に類した王家直属の牛牧の設置令であるが、大隅嶋は応神天皇の大隅宮と同所で、大阪府大阪市東淀川《ひがしよどがわ》区大隅《おおすみ》・大道《だいどう》町あたりに求められる。媛嶋は、中津《なかつ》川と神崎《かんざき》川に挟まれた旧・稗島《ひえじま》村（現・大阪府大阪市西淀《にしよど》川《がわ》区姫島《ひめしま》あたり）、もしくは上町《うえまち》台地の東方で河内《かわち》湖北岸の、河内国茨田《まんだ》郡内（現・同府守口《もりぐち》市から門真《かどま》市）あたりとみられている。

難波の大隅嶋と媛嶋松原に置かれた牛牧は、『続日本紀』霊亀《れいき》二（七一六）年二月己酉《きゆう》条に「大隅・媛嶋の二牧を罷《や》めしめ、佰姓《はくせい》の佃食《でんしょく》することを聴《ゆる》す」と、一般の人々による水田開発を認める八世紀初頭まで存続した。

ややのちの史料だが、律令の追加法令である格《きやく》を項目別に編集した『類聚三代《るいじゅうさんだい》格《きやく》』の昌泰《しょうたい》元（八九八）年十一月十一日付の太政官符《だじょうかんぷ》には、「河内国交野《かたの》郡・茨田郡・讃良郡・渋河《しぶかわ》郡・若江《わかえ》郡、摂津国嶋上《しまがみ》郡・嶋下《しましも》郡・西成《にしなり》郡の河畔にある、公私の牧の牧子《ぼくし》（馬牛の飼育係）らが船の往還を妨害することを禁止する」とある。これは、大和《やまと》川流入地域や淀川河岸、河内湖岸一帯の低湿な未開墾地が、のちのちまで牧として広く利用され、牛・馬の飼育がさかんであったことを示している（安田一九五九）。

河内馬飼の関わりで見逃せないのが、大阪府東大阪市の日下遺跡からも古墳時代中期のほぼ完全な馬骨が出土していることである（堅田一九六七）。

日下遺跡は、縄文《じょうもん》時代後期から晩期の貝塚として知られるが、古墳時代の遺構・遺物も出土する複合遺跡である。一九六六年の発掘調査では、楕円《だえんけい》形の土壙《どこう》に埋葬された状態のほぼ完全な馬骨が出土した。これは馬墓《うまはか》とみられるが、年齢は一二歳前後、体高一二五～一三〇センチメートルの蒙古馬《もうこうま》系中型馬で、五世紀後半のものという（古墳時代の遺物は五世紀後半を下《くだ》るものはない）。製塩土器も多く出土しているが、一九三九年の発掘では、小型馬の骨二点が出土した（『大阪府史』一）。

これらは、五世紀中頃から後半には河内日下でも馬が飼われ、死んだ馬を埋葬する習俗のある、馬飼集団が居住していたことを示している。先述のように、河内日下は日向諸県君氏《ひゅうがのもろかたのきみ》・隼人系集団の一大移住地であり、日向系キサキが天皇との間にもうけた王族「日下宮王家」の拠地であった。

日下の馬、日向諸県君氏、日下宮王家との直接的な結びつきは明らかではないが、日向南部地域や隼人らの間に馬匹文化が濃密であったことを思えば、日下の馬と日下宮王家や隼人、さらには「日向《ひむか》の駒《こま》」が無縁であったとは考えられない。先の額田馬の貢上《こうじょう》伝承などを考えれば、それらが密な関係にあったとみるのが順当である。

隼人《はやと》の楯《たて》

河内日下に拠《よ》った日向諸県君氏や隼人らの馬匹文化、特に馬の額《ひたい》の町形《まちがた》・旋毛《つむじ》を考察する上で注目されるのが、「隼人の楯」である。これについて述べた神武天皇記を引用しよう。

故《かれ》、其国《そのくに》より上《あが》り行《い》でましし時、浪速《なみはや》の渡《わたり》を経《へ》て、青雲《あおくも》の白肩津《しらかたのつ》に泊《は》てたまいき。此の時、登美能那賀須泥毘古《とみのながすねびこ》……、軍《いくさ》を興《おこ》して待ち向《むか》えて戦いき。爾《ここ》に御《み》船《ふね》に入たる楯を取りて下《お》り立ちたまいき。故、其地《そこ》を号《なづ》けて楯津《たてつ》と謂《い》いき。今者《いま》に日下の蓼津《たでつ》と云う。

東に向け進んで来た神武の一行は、日下に上陸する際に船から楯を取り出し、立てて戦ったという。一見、荒唐無稽《こうとうむけい》な地名起源譚《きげんたん》のようにみえるが、のちにここが日向諸県君氏や隼人、および彼らが支える「日下宮王家」の拠地であったことを思えば、河内の日下と楯の縁《ゆかり》が読み取れる。

説話が伝える日下と楯の不可分な関係は、すでに固定的な所伝として存在していたとみてよい。そこに隼人の著名な楯が想起されても、何ら不思議ではない。特徴的な隼人の楯のことが神武東遷《とうせん》伝承に取り込まれ、右の地名起源譚になったと推察される。

ちなみに、『続日本紀』和銅三（七一〇）年正月庚辰《こうしん》条には、次の記事がみえる。

日向《ひゅうが》隼人曾君細麻呂《そのきみほそまろ》、荒俗《こうぞく》を教え喩《おし》して《さと》、聖化《せいか》に馴《な》れ服《したが》わしむ。詔《みことのり》して外従五位下《げ》を授《さず》けたまう。

これは、二日前の日向国大隅地域からの采女《うねめ》の貢進とも関わろうが、「日向隼人」の曾君細麻呂が僻遠《へきえん》の荒俗《こうぞく》教化《きょうか》に尽くしたとして、外従五位下に叙《じょ》されている。采女は、地方豪族の姉妹や娘が服属の証《あかし》として、天皇の身辺に仕えた女性である。和銅六年四月の大隅国の分置《ぶんち》以前は、曾君の本拠である大隅半島の曾於《そお》郡地域は日向国に属していた。

『類聚国史《るいじゅうこくし》』延暦《えんりゃく》十二（七九三）年二月己未《きび》条も、王権との関係を伝えている。

大隅国曾於郡大領《だいりょう》外正六位上曾乃君牛養《そのきみうしかい》に外従五位下を授く。隼人を率《い》て入朝《にゅうちょう》するを以《もつ》てなり。

「曾《そ》（曾於《そお》）」は熊襲《くまそ》の「襲《そ》」でもあるが、曾乃君（曾君）氏は、曾於郡の郡司《ぐんじ》に任命される地域の有力豪族である。この地域の隼人は「大隅隼人」とも呼ばれたが、大隅国設置以前は日向国に属したので、「日向隼人」と記されたのであり、もともと日向との結びつきが強かったのである。

楯の紋様《もんよう》は何を表わすのか

『延喜隼人司式《えんぎはやとししき》』によると、「元日即位及蕃客入朝等儀《がんじつそくいおよびばんきゃくにゅうちょうなどのぎ》」において、隼人は大内《だいだい》裏八省院《りはっしょういん》南面正門である応天門《おうてんもん》の外の左右に分陣《ぶんじん》し、楯・槍《ほこ》を執《と》り胡床《あぐら》（椅子）に座《ざ》して並ぶ規定であった。

その威儀《いぎ》を正すために用いる物品は、それぞれ一八〇の横刀《たち》・楯・木槍《きのほこ》・胡床である。楯の形状は、「枚別《まいごと》の長さ五尺、広さ一尺八寸、厚さ一寸、頭《いただき》に馬髪を編《あ》み著《つ》け、赤白の土・墨を以《もっ》て鈎形《かぎかた》に画《えが》け」と定められていた。

一九六三年から翌年にかけて、平城宮《へいじょう》の西南隅《せいなんすみ》で実施された平城宮第十四次発掘調査で彩色の楯（写真7）一六枚が出土した（奈良国立文化財研究所一九七八、中村明蔵一九七八）。大きさや表面の紋様《もんよう》がまさしく『延喜隼人司式』の記載に適《かな》うことから、隼人が宮廷の儀式で用いた威儀用の楯であると判明した。その楯は、次のように非常に色鮮《あざ》やかで、大胆な紋様が描かれていた。

写真7 発掘された隼人《はやと》の楯《たて》

幅約48㎝×高さ約150㎝×厚さ1.3～2.3㎝木製で、儀式に使用された。のちに井戸の枠板《わくいた》に転用

楯の表面には墨線《すみせん》で渦文《かもん》と鋸歯文《きょしもん》を描き、全面を白土《はくど》・墨・赤の彩色で埋める。渦文は楯面の大部分を占めて大きく描かれている。上半の渦文を下半の渦文が中

央で連続して逆S字形となるが、これに二本の線を加えて黒・赤で塗りわけて複合渦文を作り、さらに余白部分を白土で塗彩《とさい》することによって三重の渦文を構成する。鋸歯文は上端と下端にあって、連続する五個の鋸歯文を内方にずらせて二段に施文《せもん》し、外方の鋸歯文を黒に、内方の鋸歯文を赤色に塗彩している（奈良国立文化財研究所一九七八）。

元日・即位・蕃客入朝などの儀式の際に、隼人は応天門の左右に分陣して楯と槍を執るが、これは軍事的な目的ではない。特徴的なその紋様に、この場合の楯の機能と目的が表現されていたことはまちがいない。

注目されるのは、楯の頂《いただき》部に穿《うが》たれた一二から二七の小さな孔《あな》である。この小孔は『延喜隼人司式』に「頭に馬の髪を編み著けよ」とあるように、馬髪を編んで結いつけるためのものである。これは隼人と馬の結びつきを物語る（井上辰雄一九七四、中村明蔵一九七七）だけでなく、楯の連続渦文が表現しているものや、その呪術宗教的な意味についても示唆している。

写真8　楯《たて》を持つ人物が描かれた絵画土器

弥生時代終末から古墳時代初頭と推量される

南九州は奈良県とともに古代の絵画土器が多く出土することで知られているが、大隅半島南側の鹿児島県鹿屋《かのや》市の名主原《みようずばる》遺跡からは、多くの竪穴式住居跡や地下式横穴墓とともに、左手に大きな方形の楯、右に桙《ほこ》のような長い棒状のものを持つ人物を描いた絵画土器（写真8）が出土している（大阪府立弥生文化博物館二〇〇七）。

時代の差はあるものの、これは『延喜隼人司式』に「楯と槍を執れ」と定められた、隼人の姿を彷《ほう》彿《ふつ》させる。ただし、楯と戈《か》・桙状の武器を持つ弥生《やよい》時代の絵画土器は、奈良県天理市の清水風《しみずかぜ》遺跡や、すぐ南の同県磯城《しき》郡田原本《たわらもと》町の唐古《からこ》・鍵《かぎ》遺跡などからも出土している（田原本町教育委員会二〇〇六）。

隼人の楯の紋様や額田馬の問題を解く際に参考となるのが、「肥人《くまひと》」の習俗である。古代日向には、隼人と親密な関係にあった肥人と称された人々がいた。

『続日本紀』文武《もんむ》天皇四（七〇〇）年六月庚辰《こうしん》条にみえる、南九州へ領域拡大を進める使節の覓国使《くにまぎのつかい》刑部真木《おさかべのまき》を脅迫した薩末比売《さつまのひめ》・肝衝難波《きもつきのなにわ》らに従った肥人、天平五（七三三）年の平城京右京の徴税台帳（『寧楽遺文』）にみえる、阿太肥人床持売《あたのくまひととこもちめ》などが知られる。

肥人《くまひと》の髪型

肥人の史料は僅少ゆえ、実態は明瞭ではない。「肥人は肥後国の球磨《くま》地方の人」「隼人と文化的共通性を持つ、特に阿多隼人と親密であった海人的集団」などとみられている（中村明蔵一九八六、青木・稲岡・笹山・白藤一九八九、植垣一九九七）。

おそらく、肥人は肥後国の球磨《くま》川上流、人吉《ひとよし》盆地地域に盤居した集団を指し、熊襲《くまそ》の「熊」にあてることができよう。彼らはある時期、大隅半島曾於地域に住む、のちの大隅隼人＝「襲」とともに、日向の大豪族である諸県君氏の影響下にあって、南九州を代表する集団の一つとみなされ、熊襲と一括的に称されることがあったと考えられる。

さて、『播磨国風土記《はりまのくにふどき》』賀毛《かも》郡山田《やまだ》里条は、興味深い肥人の記事を載せている。

猪養野《いかいの》

右《みぎ》、猪飼《いかい》と号《なづ》くるは、難波《なにわ》の高津《たかつ》の宮に御宇《あめのしたしら》しめしし天皇のみ世《よ》、日向《ひむか》の肥人、朝戸君《あさべのきみ》、天照大神《あまてらすおおみかみ》の坐《いま》せる舟の於《うえ》に、猪《しし》を持ち参来《まいき》て、進《たてまつ》りき。……

猪養野の地名起源説話であるが、それは、日向の肥人の朝戸君が、船に天照大神を奉斎《ほうさい》し、猪（ブタ）を持ち来て飼育したことに始まる、という。実際に仁徳朝のことであったか、天照大神が皇祖神《こうそしん》と同じか否《いな》かなど定かではないが、所伝の他の部分については特段に疑うべき理由はない。

彼らが上陸したという賀毛郡山田里猪養野は現在の兵庫県小野《おの》市東南部にあてられ

るが、ここが応神天皇紀十三年九月条に日向諸県君牛が髪長媛をともなって最初に上陸したという加古《かこ》川の、中流左岸であるのも偶然ではなかろう。

次に、『万葉集』巻十一の歌謡をみてみよう。

肥人の　額髪結《ぬかがみゆ》える　染木綿《しめゆう》の　染《し》みにし心　我忘《われわす》れめや（二四九六）

「肥人が額髪（前髪）を結う染木綿のように、染みついたあなたの心を、私は忘れようか、けっして忘れはしない」という恋の歌である。この歌謡から、肥人は特徴的な髪形をしていたことが知られる。

右に続く二四九七番歌が、「早人《はやひと》の　名に負《お》う夜声《よこえ》　いちしろく　わが名は告《の》りつ妻と恃《たの》ませ（早人＝隼人の有名な夜声が明瞭であるように、はっきりと私の名前を申しましたので、妻として信頼してください）」という、儀式における隼人の吠声《はいせい》を例示した詠《よみ》であることは、肥人と隼人の近しい関係を示唆している。

さて、木綿は麻や楮《こうぞ》の樹皮を剝《は》いで繊維《せんい》としたもので、祭祀において幣《ぬさ》として神に捧げ、また賢木《さかき》に採《と》り懸《か》けて祭儀に用いた。こうした木綿で額髪を結ぶのは、京都の賀茂祭《かものまつり》に祭人《さいじん》が葵《あおい》を冠に挿《さ》し飾ったのと同様、儀礼の場における聖性の象徴的表示とみてよい。

遡《さかのぼ》っては、『魏志倭人伝《ぎしわじんでん》』に、倭国の風俗を「男子は皆露紒《ろけい》し、木緜《ゆう》を以《もっ》て頭に招《か》け（男性は髪を左右に分けて結い、頭には木綿をかけている）」と記している。ここでの倭人は九州の海人であろうが、木綿で額髪を結うのは、儀礼に際しての古来の習俗であった。

『延喜隼人司式』によると、元日・即位・蕃客入朝・践祚《せんそ》（即位）大嘗祭《だいじょうさい》・行幸《ぎょうこう》などに供奉《ぐぶ》した隼人も、白・赤の木綿を用いて耳形鬘《みみかたかずら》（髪飾り）にするきまりであった。

耳形鬘の形状は明瞭ではないが、儀式において肥人と隼人が、ともに色鮮やかな木綿で髪を結い飾るという、酷似した習俗を有していたことは興味深い（井上辰雄一九七四）。この額髪を結う習俗が、額田馬の伝承や隼人の楯の頂部に馬髪を編んで結いつけることに、通じ合うところがあると考えられる。

馬の額髪《ぬかがみ》飾り

馬の額髪飾りなどの有機物が、今日《こんにち》まで遺《のこ》り伝わることは期待できないが、古墳時代中期から後期の古墳墳丘《ふんきゅう》に樹《た》て並べられた飾り馬を表現した馬形埴輪《うまがたはにわ》なら、その一端をみることができる。

馬形埴輪には、鬣《たてがみ》を切りそろえて美しく成形《せいけい》したものが多いが、なかには額髪部分を一段高くしたものや、丸く髷《まげ》状に束《たば》ねたものもある。具体例を示そう。

四世紀末～五世紀初頭の桜材製の鞍《くら》（乗馬用具）が出土した奈良県香芝《かしば》市の下田東《しもだひがし》遺跡に隣接する、五世紀後半の下田東一号墳（全長一六メートルの帆立貝《ほたてがい》形古墳）から

写真9 頭部が特徴的な馬形埴輪1

額髪《ぬかがみ》を細く束《たば》ね環《かん》状に撚《よ》っている。同形状のものは、奈良県磯城《しき》郡田原本《たわらもと》町所在の笹鉾山《ささほこやま》2号墳からも出土

写真10　頭部が特徴的な馬形埴輪2

額髪が角《つの》状に突き出し、その先端を内巻で渦巻状にした、特異な形状に作られている

出土した馬形埴輪（写真9）や、五世紀後半の大阪府大阪市の長原《ながはら》八七号墳（一辺一二メートルの方墳《ほうふん》）から出土した馬形埴輪（写真10）がそれである。

髷状に結うものは、東海から関東地方に多い。六世紀前半の愛知県春日井《かすがい》市の味美二《あじよしふた》子山《ごやま》古墳（全長九四メートルの前方後円墳）から出土した二体の馬形埴輪は、額髪を髷状に成形し、その根元部分を細いリボン状のもので交差させて結った形に表現している（奈良県立橿原考古学研究所附属博物館一九九〇・一九九一・二〇〇八、香芝市二上山博物館二〇〇九）。

儀式用の飾り馬では、鬣・額髪の成形を重視する習俗があったわけで、これらはまさに馬の額髪を結ったものである。そこには、美的効果以上の重い意味があったと考えられる。

おそらく、これら馬の額髪を結って角《つの》のように成形したものは、霊的威力を象徴する角《つの》のある駿駒《しゅんく》、龍馬《りゅうめ》を表現しているとみてよい。『釈日本紀』所引「私記《しき》」が、「日向《ひむか》の駒《こま》」を「日向国に出る千里の駿駒なり」と記しているのも、あながち的《まと》はずれとはいえない。

ちなみに、『延喜左馬寮式《えんぎさめりようしき》』でも、祭儀に用いる馬は額髪を飾り結う規定であった。山城《やましろ》国「賀茂《かも》二社祭走馬《はしりうま》（いわゆる賀茂競馬）十二疋《ひき》」には、「額髪を結う糸」が準備された。他の祭りの「馬装も此《これ》に准《なずら》え」とあって、他の祭儀もこれに準じる定めであった。

たとえば、五月五日節では馬の額髪を緋《ひ》（赤色）の糸で結い、正月七日の青馬《あおうま》（白馬）節では「籠頭《ろうとう》。……尾袋《おぶくろ》。額に当てる花形。……額髪と尾を結う絲糸《たんし》」などが必要とされた。籠頭とは、馬の頭から頬《ほお》にかける糸製の轡《くつわ》飾りであり、鈴《すず》をつけて馬額につける花形飾りも興味深いが、額髪と尾は絲《たん》（萌黄色《もえぎ》）の糸で結うきまりであった。

　このように、平安時代にも祭儀に用いる飾り馬の額髪などが美しく結い飾られていたことは、そのことを重くみる伝統的観念の根強さを物語っている。

　なお、紀元前四世紀のバクトリア（現・タジキスタン）製の馬形リュトン（鍍金《ときん》された銀の角杯《かくはい》）は、両脚《りようあし》を前方に出して疾駆《しつく》する姿に造られているが、鬣は角《つの》状に成形されており（MIHO MUSEUM二〇〇二）、馬の額髪・鬣を成形する文化の源流を示唆している。

隼人の楯＝隼人馬の額《ひたい》？

　先述のように、隼人の楯に描かれた連結逆S字形渦巻紋は、『延喜隼人司式』には「鈎形《かぎかた》に画《えが》け」とあった。このことから、隼人がヤマト王権に服属奉仕する起源物語として知られる、海幸彦《うみさちひこ》・山幸彦《やまさちひこ》神話の主要素である、「鉤《つりばり》（鈎は鉤の俗字）」に関連づけて解釈することは容易である。しかし、それでは楯の頂部に編み結われた、多くの馬髪との関係が整合しない。

あるいは、隼人に特徴的な海人的文化と結びつけて、鮑貝《あわびがい》を抽象化した呪術的紋様（藤井一九七五）、さらには楯につけられることが多い巴形《ともえがた》銅器の原形である、水字貝《すいじがい》や法螺貝《ほらがい》を形象化した渦巻紋様などと説明されてきたが（中村明蔵一九七八、木下一九九六、橋口一九九八）、楯頂部に結いつけられた馬髪との関連が考えられない点では、先の場合と同じである。

しかし、隼人の楯の頂部に結いつけられた馬髪が、馬の額髪を表現しているならば、楯の中央部も隼人馬の額面を形象化していると理解するべきであろう。それは、先に引いた『新撰姓氏録』にいう、馬の額《ひたい》の「町形《まちがた》の廻毛《つむじ》」「額の田町《たまち》」であり、まさに隼人馬の馬面《うまづら》を象徴的に表現したものにほかならない。

ここまで「日向の駒」が額田馬＝隼人馬であり、隼人の楯は隼人馬の額面を形象化していたことを考察したが、引き続き次章では「日向の駒」＝額田馬＝隼人馬が駿駒とされたことの歴史的背景を追い、蘇我氏と馬飼集団の関わりを明らかにしたい。

第四章　車田《くるまだ》と渦巻《うずまき》紋様の謎

額田《ぬかた》＝車田

それでは、最大の問題・馬の額《ひたい》の「町形《まちがた》の廻毛《つむじ》」「額の田町《たまち》」の具体像を探ろう。『倭名類聚抄』に「町……（和名《わみょう》・末知《まち》）田区《でんく》なり」とあることから、これらは田の区画と解するのが一般的である。そして、『新撰姓氏録』の伝える額田馬《ぬかたうま》の所伝は、馬の額に田区状の旋毛があったことが「額田《ぬかた》」の起源というのだから、これで問題は解決したように思われるが、根本的な点が明瞭になっていない。つまり、田の区画と旋毛の具体的な関連が説明されていない。

馬の額髪《ぬかがみ》の形状と酷似している田の区画が、普通一般のものであれば、名の由来になることはない。それは、特別な田の区画であったに相違なく、具体像はいまだ明らかでないが、この田にこそ額田馬・隼人《はやと》の楯《たて》・町形（田町）などの本質を解き明かす鍵がある。ここで取り組むべき課題は、渦巻《うずまき》紋様の旋毛と田の区画が照応、酷似していることの証明である。

要するに、田植えは直線的な正条《せいじょう》植《う》えが合理的であり、田の形状もできるだけ方《ほう》形《けい》に整《ととの》える。これが一般的だが、『新撰姓氏録』の所伝では「馬額に町形の廻毛」があるというのだから、旋毛状に稲が植えられた田でなければならない。しかし、除草、施肥《せひ》、刈り取りなど、すべて人力《じんりき》に頼る古代の農作業を考えれば、旋毛（渦巻紋様）状の田植えなど非効率この上ない。この矛盾を解く必要がある。

ところが、この問題の答えが存在する。それは、特別に選ばれた水田の中心部に榊《さかき》などを樹《た》て、外側に向けて同心円紋状に稲苗《いななえ》を植えていく田植えや水田、すなわち「車田《くるまだ》」である。「序」に紹介したように、今日《こんにち》では岐阜県高山市松之木町と新潟県佐渡市北鵜島の二カ所しか行なわれておらず、祭祀との関係も明らかではない。

ただし、かつては広く行なわれていたようであり、「車田」や次項で述べる「町田《まちだ》」などの地名が残るところには、そうした水田が存在していたものと推察される。たとえば、奈良県橿原市の香具山の西、同市別所《べっしょ》町には車田の地名が分布する。ただ、ここは藤原宮中枢部に南接する地であるから、同地名の成立は藤原宮の廃絶後であろう。

また、鹿児島県鹿屋市吾平《あいら》町には車田の地名が遺存し、一八九七年頃までは同県大口《おおくち》市でも車田が耕作されていたから、古くは隼人の間にも車田の習俗が存在したことはまちがいない。
隼人の楯の連結逆S字形渦巻紋が車田と関係する可能性は、早くから指摘されていたが（下野一九八一）、具体的な論の展開がなかったため、支持が広がらなかったのは残念である。

車田＝町田《まちだ》

王権の祭祀を担った祭祀氏族の忌部《いんべ》氏と、祖神を祭る太玉命《ふとたまのみこと》神社のことは第一章で触れたが、その南に位置する奈良県橿原市古川《ふるかわ》町に町田の地名がある。町田という地名の宗教的性格については、次の『播磨国風土記』讃容《さよ》郡条が参考になる。

讃容という所以《ゆえ》は、大神妹妋《おおかみいもせ》二柱、各《おのもおのも》、競《きそ》いて国占《くにし》めましし時、妹玉津日女《たまつひめの》命《みこと》、生《い》ける鹿を捕《と》り臥《ふ》せて、其《そ》の腹を割《さ》きて、其の血に稲《いね》種《ま》きき。仍《よ》りて、一《ひと》夜《よ》の間に、苗生《なえお》いき。即《すなわ》ち取りて殖《う》えしめたまいき。爾《ここ》に、大神《おおかみ》、勅《の》りたまいしく、「汝妹《なにも》は、五月《さ》夜《よ》に殖えつるかも」とのりたまいて、即《やが》て他処《あだしところ》に去りたまいき。故《かれ》、五月《さ》夜郡《よのこおり》と号《なづ》け、神を賛用都比売命《さよつひめのみこと》と名づく。今も讃容の町田《まちだ》あり。

すなわち、大神と玉津日女命が国占め（土地の占有）で競《きそ》った際、女神は生きた鹿の腹を割《さ》いて稲種を蒔《ま》き、一夜で育った苗を植えたので勝利した。それで、その地を「サヨ」、女神を「賛用都比売命」と名づけた、という起源神話である。

おそらく、かつてこの地では、早春の稲の蒔種《はしゅ》祭で鹿を犠牲《いけにえ》にして穀霊《こくれい》に豊稔《ほうねん》を祈願し、その聖なる血に浸《ひた》した聖なる種が蒔かれていたのであろう。賛用都比売命は、式内社の佐用都比売《さよつひめ》神社（現・兵庫県佐用《さよう》郡佐用町本位田《ほんいでん》）の祭神である。

注目されるのは、賛用都比売命が鹿を犠牲にして稲の蒔種祭を催した縁《ゆかり》の地として、「今も讃容の町田あり」と伝えることである。これは、単に「鹿の肩甲骨《けんこうこつ》を焼いて占《うらな》う鹿卜《ろくぼく》を行ない豊穣《ほうじょう》を祈願した水田」（秋本一九五八、植垣一九九七）ではなく、「町形」「田町」の具体像を思えば、同心円紋状に稲が植えられた神聖な車田のことであろう。

車田はフィリピンのルソン島北部やインドのウッタル・プラデシュ州、マダガスカルなどにも分布していたという報告もあるから（ヨーゼフ一九八二）、わが国だけの習俗ではない。

手数のかかる車田があえて行なわれてきたことに、経済的効率では判断しきれない、深くて重い宗教儀礼上の意味と根強い伝統的観念を読み取るべきである。それは、古い儀礼的な田植えであったと考えられるものの、稲作祭儀との関連など、本来の目的や始原は、今日ではもはや明らかでない（『日本民俗事典』、『日本民俗大辞典』上、柳田一九六九）。

「町《まち》」の呪術宗教的意味

このように、額田は、車田・町田とも称された同心円紋状に稲が植えられた、特別な水田に由来する名と考えられる。同心円紋状の稲の形状が、馬の額の均斉《きんせい》な渦巻状旋毛と酷似しているとみなされたのである。額田・町田がその本来的な呼称と思われるが、額に均斉な渦巻状旋毛がある隼人馬《はやとうま》は、それゆえに「額田馬《ぬかたうま》」と呼ばれ、駿《しゅん》駒《く》として特別視されたのである。

隼人の楯に彩色で描かれた大胆な紋様は、まさに額田馬のそれを象徴的に表現したものである。馬額に明瞭で均斉な旋毛のあることが、隼人馬＝額田馬の特徴であったが、実際のそれは、先に紹介した馬形埴輪のような、額髪を渦巻状の角《つの》のように成形した姿であったとも考えられる。

しかしながら、額田馬が、額に同心円紋状に稲を植えた特別な水田、額田・町田と同様の均斉な旋毛がある隼人馬だとしても、それが古代に特別視された理由は、十分に伝わってこない。そこで次に、同心円紋の意味を町形・田町の語から考えよう。

町田は本来、一般的な田の区画を指す言葉ではなく、同心円紋状に稲苗を植えた、呪術宗教的に聖別《せいべつ》された特別な水田であった。その呪術宗教的意味は、祭儀における宗教的区画を意味する語「町《まち》」から説明できる。

ここで想起されるのは、動物の肩甲骨や亀の甲羅《こうら》を焼き、そこに生じた卜字《ぼくじ》状の裂《さ》け目をみて、神の意思の所在や吉凶《きつきよう》を判断する、骨卜《こつぼく》・亀卜《きぼく》である。実際に行なう際に、すみやかに焼けて裂け目＝神意が現われるよう、骨・甲を平面状に整形したうえ、鑽《きり》で穴（鑽《さん》）を穿《うが》つが、これを「町《まち》」といった。

永治《えいじ》元（一一四一）年十二月に即位した七十六代近衛《このえ》天皇の大嘗祭に、大中臣清《おおなかとみのきよ》親《ちか》が唱えた「中臣寿詞《なかとみのよごと》」（『台記別記《たいきべつき》』）の、次の句を挙げよう。

　夕日より朝日の照《て》るに至るまで、天《あま》つ詔《のり》との太詔《ふとのり》と言《ごと》を以《もち》て告《の》れ。かく告らば、麻知《まち》は弱韮《わかひる》にゆつ五百《いお》篁《たかむら》生《お》い出でん。……

「夜の間に神聖な祝詞《のりと》を告《の》りなさい。そのようにすれば、麻知には、若々しい韮《のびる》のように、多くの篁《たかむら》（若竹）が生じ出るであろう」とある。この「麻知」が、骨卜・亀卜の町に通じることは、早くから指摘がある（伴一九〇九、次田一九二七）。

加えて、京の左京二条に祭られた太詔戸命《ふとのりとのみこと》神と久慈真智命《くしまちのみこと》神は、六・十二月の一〜九日に半年間の天皇の安否《あんぴ》を占う御体御卜《おおみまのみうら》の際に祭られる、卜庭《うらにわ》神祭の二座《ざ》でもある。この久慈真智命神は、大和国十市《とおち》郡鎮座の式内大社・天香山坐櫛真命《あめのかぐやまにいますくしまのみこと》神社（写真11）の祭神・櫛真命神と同じであり、天平二（七三〇）年の『大倭国正税帳《やまとのくにしょうぜいちょう》』

写真11 天香山《あめのかぐやま》坐《にいます》櫛真命《くしまのみこと》神社

奈良県橿原市南浦《みなみうら》町所在。現在の社名は天香山《あめのかぐやま》神社

（『大日本古文書《だいにほんこもんじょ》』）には久志麻知《くしまち》神とある。これに関わり、神代記の天石屋《あめのいわや》戸《と》神話では、天香山《あめのかぐやま》の真男鹿《まおしか》の肩骨を用いて鹿卜《ろくぼく》（骨卜）を行なったとあり、香具山に鎮座する久慈真智命神が鹿卜に関わる神であったことも知られる。

重要なのは、町の語が持つ呪術宗教的な意味である。

天長《てんちよう》七（八三〇）年の成立は疑問とされるが、古代亀卜の秘伝を記した『新撰亀相記《しんせんきそうき》』（『神道大系《しんとうたいけい》』）でも、亀甲に穿《うが》った鑽《さん》を「町」と記している。鎌倉時代後期の『釈日本紀』も、「亀《き》兆伝曰《ちょうでんにいわく》」としてほぼ同文を載せ、「太占《ふとまに》を太町《ふとまち》と読む、甲穴《こうけつ》の体《てい》に拠《よ》るなり」という先師の説を記している。

古代における骨卜・亀卜の分析を進めた神澤勇一《かんざわゆういち》氏は、町（鑽）について次のように報告している。

骨卜は弥生時代中期に稲作文化複合の一《いち》要素として伝来し、古墳時代後期には海亀《うみがめ》を用いる亀卜が伝来して以降、これが主流となる。当初は用いる骨（鹿が多い）に整形《せいけい》を加えることはなかったが、古墳時代前期には片面を大きく削《けず》り、不整円形の粗雑な鑽（穴）を彫り、焼灼《しょうしゃく》を加える。古墳時代中期になると、比較的よく研磨《けんま》された骨面に正円形の精美《せいび》な鑽をもうけ、そこに焼灼を加えるようになり、鑽円面には細い同心円を呈する痕跡を留《とど》める。この期の遺物は、大阪府東大阪市日下遺跡と島根県八束《やつか》郡古浦《こうら》遺跡から出土している。古墳時代後期には亀甲《きっこう》が登場し、精美に切削《せっさく》して長方形の鑽を彫りこみ、鑽底に十字形の焼灼を加えるようになる。

古墳時代中期の正円形の精美な鑽=町と、そこに生じた細い同心円紋の痕跡は、まさに車田の形状そのものでもある。その卜骨遺物が、馬墓《うまはか》も検出されている日下遺跡から出土していることも興味深い。

『新撰亀相記』の記述どおり、鑽の形が町に似ていたから町というようになったのか、それともその逆なのか、今となっては確かめることはできない。ただ、単に形状が酷似しているだけでなく、額田馬・隼人馬の旋毛も含めて、それらが同様の呪術宗教的な区画、聖なる旋毛紋様、神意の現われる神聖な区画と観念され、特別視されていたことはまちがいなかろう。

なお、蘇我氏渡来人説批判に関わり、先に述べた蘇我満智宿禰《まちのすくね》の名についても、右のマチから説明することも可能であり、渡来人出自にこだわる必要はない。

屋根の上の渦巻紋様

貞観《じょうがん》十三（八七一）年から翌年頃に編纂された『儀式《ぎしき》』（『増訂故実叢書《こじつそうしょ》』）践祚大《せんそだい》

嘗祭儀《じょうさいぎ》は、即位にともなう大嘗祭に関して細かく規定したものだが、それによれば造立される大嘗宮の中心的建物・斎殿《さいでん》は次のような仕様《しよう》であった。

構《かま》うるに黒木《くろき》を以《もっ》てし、葺《ふ》くに青草《あおくさ》を以てせよ。其上《そのうえ》に黒木を以て町形《まちかた》と為《な》し、黒葛《つづら》を以《も》て之《これ》を結《ゆ》え。

大嘗宮斎殿は、柱は樹皮つきの生《なま》の木材・黒木を用い、屋根にはまだ青い茅《かや》を葺《ふ》き、その上に黒木で造った「町形」を黒葛で結いつける定めであった。青茅葺きの屋根の上の「町形」も、呪術宗教的な意図による造作であろうが、今日では特異なその建物の具体像は分明でない。

しかし、それを思わせる家形《いえがた》埴輪が、河内馬飼《かわちのうまかい》の本拠から出土している。大阪府東大阪市東豊浦町《ひがしとようら》（河内国河内郡豊浦郷）の額田《ぬかた》谷に、河内馬飼との関係が想定される、みかん山古墳群が存在するが、その五号墳（六世紀後半）から出土した家形埴輪（図1）がそれである（東大阪市文化財協会二〇〇一）。

これは、大嘗宮斎殿のような建物が、六世紀代に実際に存在したことを示している。さらに、同古墳群の所在地が河内馬飼の拠地であり、かつ日向諸県君《ひゅうがのもろかたのきみ》氏や隼人が集住した河内日下にも近いことは、それと隼人の馬や楯の渦巻紋様の関連も示唆している。

ただし、これらを屋根に取りつけた意図を、今日では明瞭にすることができない。

図1 渦巻《うずまき》紋様が描かれた家形埴輪

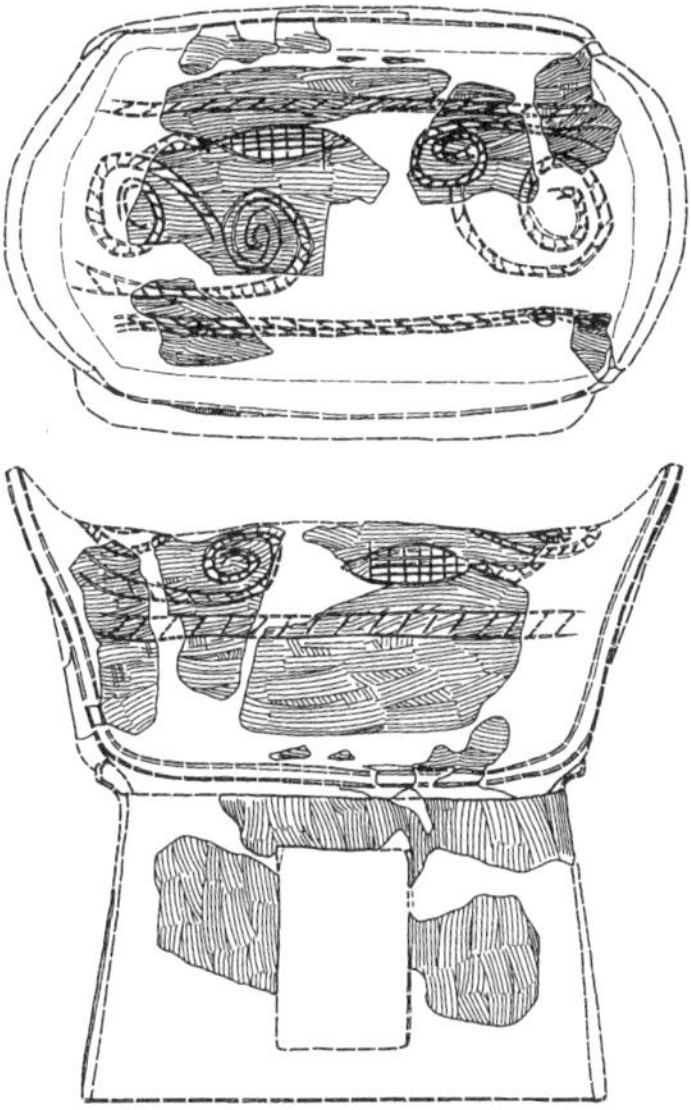

屋根に、隼人の楯の紋様に酷似《こくじ》、かつ大《だい》嘗宮斎殿《じょうきゅうさいでん》屋根の「町形《まちがた》」を連想させる、二つの渦巻紋様と魚が描かれている

奈良県磯城郡田原本町の唐古・鍵遺跡出土の弥生土器（中期後半）に描かれていた建物（179ページの写真12）の屋根の渦巻状装飾（田原本町教育委員会二〇〇六）や、弥生土器に描か

れた龍紋（大阪府立弥生文化博物館二〇〇九）などと通じ合うか、なお今後の考究が必要である。

渦巻紋様は何を意味するか

渦巻紋様は、銅鐸《どうたく》をはじめとして古代のさまざまな器物や遺跡に描かれており、その呪術宗教的な機能を考える上で参考になる。徒《いたずら》に多く掲げても煩雑なので、古代の横穴墓に描かれた壁画の一部を紹介する（国立歴史民俗博物館一九九三・一九九五、森貞次郎一九八五）。

典型的事例は隼人の拠地から離れた福島県に集中しており、太平洋岸の双葉《ふたば》郡双葉町の清戸迫《きよとさく》横穴群七六号横穴墓・南相馬《みなみそうま》市の羽山《はやま》横穴群一号横穴墓・同市の福岡《ふくおか》横穴墓・いわき市の館山《たてやま》六号横穴墓、内陸の西白河《にししらかわ》郡泉崎《いずみざき》村の泉崎横穴群四号横穴墓などが知られている。おおむね七世紀代のもので、館山六号横穴墓の線刻《せんこく》を除けば、他は赤の彩色画である。

特に、清戸迫七六号横穴墓では、中央部に七～八重の渦巻紋様が直径約五〇センチメートルでもっとも大きく描かれている（181ページの写真13）。羽山一号横穴墓でも、十字紋が重なる六重の渦巻紋様二つが四本の水平線で結ばれるように描かれていて、渦巻紋様がこの地域の横穴墓壁画の中心的画題であったことが知られる。他には、人

写真12 渦巻状装飾が施《ほどこ》された楼閣《ろうかく》

土器に描かれた絵をもとに唐古《からこ》池に復元された建物。屋根の先端に渦巻状装飾がみえる

物・馬・騎馬人物・鹿などが描かれており、馬匹文化との関係も示している。

その意味するところを、形状から農耕に関わる太陽・水を連想するのは容易であるが、北アメリカの先住民や非農耕民であるオーストラリアのアボリジニらも、宗教的儀礼に際して同様な渦巻紋様や幾重《いくえ》にもめぐる同心円紋を描いている（ハリファクス一九九二）。したがって、時代や大陸を異《こと》にして人類文化に普遍的なもので、目的は農耕に限らないであろう（オクラードニコフ一九七四）。

これらは輪廻転生《りんねてんしょう》の世界観を意味していたとの説もあるが（藤田英夫二〇一二）、わが国で仏教伝来以前にそうした観念が存在したことは確認できない。おそらく、それは太陽であり、水であり、他界への出入口であり、生命の発現する聖所であり、これら諸観念が複合した、生命の根源的象徴を意味していたものと考えられる（パース一九七八、千田一九九一、大和一九九五）。

これらをあわせれば、骨卜・亀卜の「町《まち》」は神の意思が宿り発現すると観念された聖所を指し、「町田」「額田」「車田」などと称された水田は、太陽神と水神の加護を受けて、神の祭祀の用となる神聖な稲を植え育てる、特別な聖田《せいでん》であったと考えられ

写真13 渦巻紋様が描かれた壁画

幅2.8m×高さ1.6m×全長3.1mの奥壁に赤い顔料《がんりょう》で描かれている。兜《かぶと》らしきものをかぶった人物、騎馬の人物、動物がみえる

る。そうした神聖象徴を額《ひたい》に刻《こく》した隼人馬＝額田馬は、霊的威力を内在した霊駒《れいく》＝龍馬《りゅうめ》として尊ばれ、献上馬にふさわしい駿馬「日向《ひむか》の駒《こま》」として、後世まで語り伝えられたのである。

蘇我氏と馬飼集団

ここまで、推古天皇が歌で蘇我氏・蘇我馬子に擬《なぞら》えた「日向の駒」の実像追究に関わり、迂遠《うえん》な考察をめぐらせてきた。これは偏《ひとえ》に、蘇我氏と馬飼集団・馬匹文化との関係を解明するためであった。そして、「日向の駒」

とは、額に均斉な渦巻紋状の旋毛を有する、あるいは額髪《ぬかがみ》をそのように成形した隼人馬＝額田馬であることがわかった。

推古天皇が蘇我氏・蘇我馬子を「日向の駒」に擬えたのは、「日向の駒」が駿駒《しゅんく》として著名であっただけでなく、蘇我堅塩媛《きたしひめ》を母とする額田部《ぬかたべ》皇女（推古天皇）の養育を担ったのが、ほかならぬ額田馬＝「日向の駒」献上伝承で知られた額田部《ぬかたべの》（湯坐《ゆえの》）連《むらじ》氏であったことにもよる。このことは同時に、蘇我氏が、馬飼集団・馬匹文化に親縁な氏族であったことをも示している。

蘇我氏と馬飼集団・馬匹文化の直接的な関係について、雄略天皇紀九（四六五）年三月から五月条にかけての新羅征討記事で、蘇我韓子《からこ》宿禰が紀大磐《きのおおいわ》宿禰と騎馬で戦ったと伝えられることに着目される。事《こと》の詳細は第一章で述べたが、これは蘇我氏が早くに馬を導入し、騎馬に巧《たく》みであったことを示すものである。

同様に注目されるのが、蘇我氏の本貫である奈良県橿原市曽我町にある南曽我遺跡から、馬墓が検出されていることである。同遺跡は、弥生時代から中世におよぶ複合遺跡であるが、古代では弥生時代後期～古墳時代前期と古墳時代中期～後期が中心であり、墳墓五基、竪穴住居跡一基、多くの溝などが出土した。特に重要なのは、古墳時代後期の馬を埋葬した土壙《どこう》（馬墓）が検出されていることである。

馬墓は楕円形《だえんけい》で規模は二・一×一・〇メートル、深さ〇・四メートル、時期は五世紀後半から末頃とされる。底部から出土した牝馬《めすうま》の年齢は五歳ぐらい、頭部を南東に向け、脚《あし》は曲《ま》げ、横向けに埋葬されたと復原されている。

同馬墓は、周囲に溝がめぐる方形周溝墓《ほうけいしゅうこうぼ》（南北一四・五メートル、東西は不明）の南溝《みなみみぞ》に近接し、かつその西溝《にしみぞ》の主軸と直交することから、両者の関連が想定されている（元興寺文化財研究所二〇一二）。さらに、その所在地から蘇我氏との関係が想定されるだけでなく、蘇我韓子宿禰の活躍時期に近接することにも留意される。

さらにその後、同馬墓に関わり、その南西約一キロメートルに位置する奈良県橿原市の新堂《しんどう》遺跡の河道《かどう》跡から、五世紀前半の初期須恵器《すえき》や韓式系《かんしきけい》土器とともに、馬の骨と歯が出土した（歴史に憩う橿原市博物館二〇一七）。

両遺跡が同一集団のものである可能性も考えられるが、後述する唐古・鍵遺跡もあわせて、大和への馬匹文化の導入が思いのほか早かったことが知られる。

ちなみに、蘇我韓子宿禰と騎馬で戦ったという紀大磐宿禰の一族も、早くに馬匹文化を導入していたことで知られている。すなわち、紀《き》氏の拠地である紀ノ川河口に近い和歌山県和歌山市大谷《おおたに》にある大谷古墳（五世紀末の前方後円墳で全長七〇メートル）から、わが国では稀有《けう》な馬冑《うまよろい》・馬甲《うまかぶと》などが出土している（京都大学文学部考古学研究室一九五九、金井塚二〇〇八）。

このように、蘇我氏や紀氏らが早くから馬匹文化を導入していたことは、より重視されるべきである。

『紀』の未解明所伝

古代の馬飼集団に関わり、『紀』には未解明な所伝がある。それは、雄略天皇紀二十三年是歳条の記載「筑紫安致臣《つくしのあちのおみ》・馬飼臣《うまかいのおみ》等、船師《ふないくさ》を率《ひき》いて高麗《こま》を撃《う》つ。」である。短く孤立的な記事であるから、作為性は少なく、ほぼ事実を伝えている可能性が高い。

ここから具体的状況を読み取ることは困難だが、『紀』編者の手元には、典拠とする原史料が存在したのであろう。「筑紫安致臣・馬飼臣」の臣《おみ》は、カバネ化する前の敬称だが、関連氏族はいまだ明らかにされていない。船師（水軍）を率いているけれども、派遣先が騎馬文化で知られた高句麗であるとともに、馬飼臣が従軍していることから、この出兵は騎馬戦を想定した騎兵を主体とする人選であったとみられる。

筑紫安致臣について、これまでの諸注釈は、『先代旧事本紀』天孫本紀の饒速日命《にぎはやひのみこと》九世孫の条に「物部竺志連公《もののべのつくしのむらじのきみ》、奄智《あむち》蘰《かづら》連《のむらじ》等《ら》之祖《のおや》」とあるのを指摘するのみである。

ところで、大和国十市《とおち》郡には、アムチという古代地名が存在した。天平勝宝二（七五〇）年二月二十四日付の官奴司《かんぬし》の文書（『大日本古文書』）には、「奄知《あむち》村」「奄智《あむち》村」とみえる。『日本霊異記』中巻三三縁《えん》の、乙女《おとめ》が夜這《よば》いの悪鬼に噉《く》らわれるという怪《かい》奇譚《きたん》は、この「大和国十市郡菴知《あむち》村」を舞台にしたものである。

先述の仁賢天皇紀六年是歳条にみえる、額田部連《ぬかたべのむらじ》氏から供給される馬皮の加工を目的として招聘《しょうへい》された「大倭《やまと》国山辺《やまのへ》郡額田《ぬかた》邑《むら》の熟皮高麗《かわおしのこま》」の祖は、平群《へぐり》郡額田部《ぬかたべ》村に隣接する「山辺郡嘉幡《かばた》村西十町許《ばかり》有《にある》皮工《かわたくみ》邑《のむら》」（『日本書紀《にほんしょき》通證《つうしょう》』）に居住した。

大和国十市郡菴知（奄智）村は、現在の奈良県天理《てんり》市庵治《おうじ》町にあてられるが、ここは山辺郡嘉幡《かばた》村（現・奈良県天理市嘉幡町）に南接する地である。つまり、山辺郡嘉幡村と十市郡菴知村は、律令制下では所属する郡こそ違うが、南北に隣接した地であり、地理的位置から額田部連氏との関係も十分に想定可能である。

そのことを証明するように、『新撰姓氏録』左京神別下条には、「奄智造《あむちのみやつこ》。額田部湯坐連《ぬかたべのゆえのむらじ》と同じき祖《おや》」とみえ、平安左京に居を移した奄智造氏は、馬飼集団として知られた額田部湯坐連氏と同族を主張している。同じく大和国神別条でも、額田部河田連《ぬかたべのかわたのむらじ》氏に続いて「奄智造。同じき神の十四世孫、建凝命《たけころのみこと》の後《すえ》なり」とある。本貫の十市郡菴知村にとどまった奄智造氏も、額田部河田連氏の同族を称していた。

また、神代記の天安河誓約段《あめのやすのかわのうけい》でも、天津日子根命《あまつひこねのみこと》の後裔として額田部湯坐連や倭淹知造《やまとのあむちのみやつこ》の名がみえ、両氏は同族を称している。これらのことから、倭淹知造氏は、額田部連氏と同族の馬飼集団であったと解される。

『倭名類聚抄』によれば、九州諸国に畿内系氏族の名と同じ郷名が数多く散見され、畿内系氏族の移動を示唆している。その一つに筑前国早良《さわら》郡額田《ぬかた》郷があり、郡名は平《へ》群《ぐり》氏系早良《さわら》氏、郷名は早良氏同族の額田首《ぬかたのおびと》氏や、隼人馬貢上を伝える額田部連氏など、畿内系馬飼集団との関係が想定される。

筑紫安致という地名を冠した氏名《うじな》の表記からは、そうでない安致氏の存在が想定される。筑紫安致氏も、朝鮮半島における王権の武力行動の末端を担うべく、筑紫に移動した倭滝知造氏系集団であったとみられる。本来、筑紫安致氏と倭滝知造（奄智造）氏は同族で、彼らも騎馬に巧みな馬飼集団であった。

筑紫安致氏は、朝鮮半島における王権の武力行動の末端を担うために、筑紫に移動した倭滝知造氏系の馬飼集団であった。筑紫安致臣や馬飼臣は、王権の下《もと》に編成された河内馬飼《かわちのうまかい》や倭馬飼《やまとのうまかい》と同様、筑紫馬飼として編成されていたのであろう。

倭《やまと》馬飼・滝知造《あむちのみやつこ》氏

馬飼集団である滝知造氏の本貫・奈良県天理市庵治町に南接して存在するのが、弥生時代の拠点的な大規模環濠《かんごう》集落遺跡として知られる唐古《からこ》・鍵《かぎ》遺跡である。ここから、古墳時代の遺構・遺物も検出されていることは、あまり知られていない。

唐古池の東側地域が対象となった、第五九次調査で検出された土壙《どこう》SK三一〇一は、その構造から深さ一・七メートルの井戸と推定されている。同井戸の堆積物《たいせきぶつ》のうち、中層以上は井戸機能停止後の堆積だが、上層部から、多量の土師器《はじき》の壺・高坏《たかつき》・𤭯《はぞう》・甕《かめ》、須恵器《すえき》の坏《つき》・𤭯・甑《こしき》などとともに、集積された馬骨と小型壺が検出された。

遺物の時期は五世紀はじめ頃、生後三〜四歳・体高一三五〜一四〇センチメートルの中型馬の一個体分が、約四〇センチメートルの方形の範囲から重なった状態で出土しており、解体して肉と皮を除去後、何らかの容器に納めて祭儀に使用、最後は機能停止後の井戸に投棄されたと推定されている（丸山・藤田二〇一四、丸山二〇一六）。

国内でも早い時期の馬関連の遺構として注目されるが、十市郡菴知村を本貫とした馬飼集団である倭淹知造《やまとのあむちのみやつこ》氏（前身集団）との関係を、想定することも可能である。

これと関わり、先に触れた唐古・鍵遺跡の西約一キロメートルに位置する六世紀の笹鉾山《ささほこやま》二号墳から、特別に額髪を細く束《たば》ね環状にして撚《よ》った形に成形した二体の馬形埴輪が出土していることも留意される。馬形埴輪は、唐古・鍵四号墳や唐古・鍵遺跡と笹鉾山古墳群のほぼ中間に位置する、石見《いわみ》遺跡（埋没古墳）からも出土している（田原本町教育委員会二〇〇七）。

小規模な古墳から出土する飾り馬の埴輪は、被葬者の職掌と関わって理解するべきであろう。これらの遺跡・遺物は、のちに倭馬飼に編成される額田部連氏や同族の倭滝知造氏の前身集団に関連づけて、理解することもできよう。

なお、筑紫安致臣や額田部連氏同族の倭滝知造氏の氏名が、応神朝に馬匹文化を伝えたという阿直伎《あちき》・阿直岐史《あちきのふびと》（阿知吉師《あちきし》・阿直史《あちきのふびと》）と酷似しているのも、偶然とは思われない。

蘇我馬子の実名は「蘇我馬《うま》」だった

五世紀後半、雄略朝頃には朝鮮半島における倭国王権の武力行動は、積極的に馬を用いたものであったことはまちがいない。

欽明天皇は大臣《おおおみ》蘇我稲目《いなめ》の二人の娘、堅塩媛《きたしひめ》（額田部皇女〔推古天皇〕の母）と小《お》姉君《あねのきみ》をキサキに入れているが、その磯城《しき》嶋金刺《しまのかなさし》宮に供奉《ぐぶ》した金刺舎人《かなさしのとねり》氏は、律令制下で政府の馬の飼養《しよう》と調教を担当した馬寮《めりよう》管轄下の御牧《みまき》が一六も集中する、信濃国（現・長野県）の馬飼集団を統轄する立場にあった（『類聚三代格』弘仁三〔八一二〕年十二月八日付太政官符《だじようかんぷ》）。金刺舎人氏は、信濃国諏方《すわ》郡鎮座の名神大社・南方刀美《みなかたとみ》神社（諏訪大社）下社《しもしや》の大祝《おおはふり》（神職の最高位）を務めたが、欽明天皇に仕えた信濃国の馬飼集団でもあった。

蘇我氏と馬匹文化の結びつきは、蘇我馬子の名からもうかがわれる。

古代の人名の末尾につけられた「子」は、親愛の情の表現、臣下であることの表示、あるいは敬称として六、七世紀に広く用いられた。例を示せば、敏達天皇紀十二（五八三）年条には大伴糠手子連《おおとものぬかてこのむらじ》・物部贄子連《もののべのにえこのむらじ》、推古天皇紀十五（六〇七）年条には小野臣妹子《おののおみいもこ》、推古天皇紀十八年条には阿倍鳥子臣《あへのとりこのおみ》、皇極天皇紀三（六四四）年条には中臣鎌子連《なかとみのかまこのむらじ》がみえるなど、枚挙《まいきよ》に遑《いとま》がない。阿倍鳥子臣は阿倍内臣鳥《あへのうちのおみとり》とも記されるように、実名は「鳥」であった。

これを押し広げるならば、蘇我馬子も実名は「馬」であり、子は敬称として添えられたものと考えられる（吉村二〇〇二）。「馬」の名は、蘇我氏と馬飼集団・馬匹文化の親しい関係を示している。なお、前述（121ページ）の「蘇我の子」や「久米《くめ》の子」（神武天皇記）などは、忠実な臣下に親愛の情を込めて付された表現であろう。

馬飼集団である額田部《ぬかたべの》（湯坐《ゆえの》）連《むらじ》氏に養育された額田部皇女（推古天皇）が、馬飼集団・馬匹文化に親密な蘇我馬子を、額に同心円紋の神聖象徴を刻《こく》して龍馬《りゅうめ》とも目される日向《ひむか》の駒《こま》＝額田馬《ぬかたうま》＝隼人馬《はやとうま》に擬《なぞら》えたところに、推古天皇紀二十年人日の歌謡の真の意図があった。

額田部皇女が、蘇我氏・蘇我馬子を「日向の駒」に擬えたのも、馬匹文化に親しんだ彼らの間では理に適《かな》ったことであり、その真意も正しく理解されたに違いない。

のちに、宮廷の人日《じんじつ》（正月七日）には、めでたい獣《けもの》とされる白馬《あおうま》（青馬）の牽《ひ》き廻《まわ》しを観《み》る、白馬節会《あおうまのせちえ》が催された。人日の儀礼は、天智天皇七（六六八）年、天武天皇四（六七五）・九・十・十二年、持統天皇九（六九五）年などの記録に散見されるが、そこに馬を観ることの記述はない。

白馬節会の史料上の最初は、大伴家持《おおとものやかもち》が天平宝字《てんぴょうほうじ》二（七五八）年の人日のためにあらかじめ詠《よ》んだという、『万葉集』の四四九四番歌「水鳥の鴨羽《かもは》の色の青馬《あおうま》を今日《きょう》みる人は限《かぎり》無しといふ（水鳥の鴨の羽色の青馬を、今日人日にみる人は寿命が限りないという）」という和歌である。八世紀半ば頃には宮廷で行なわれていたが、それ以前については定《さだ》かでない。

もし推古朝の人日に、馬の牽き廻しを観る儀礼が伝来していたならば、推古天皇の「日向の駒」の歌もいっそう興味深いものとなるが、中国におけるその起源も含めて分明でない。

なお、大和国山辺郡に鎮座する式内名神大社・石上坐布都御魂神社《いそのかみにいますふつのみたま》（石上神宮、現・奈良県天理市布留《ふる》町）西方に広がる祭祀関連の布留遺跡から、五世紀末頃から一世紀ほどの間の、約四〇〇体におよぶ多量の馬歯骨が検出されている（置田一九八五）。馬を犠牲《いけにえ》とした祭祀が想定されているが、その規模からみて一集団の営為《えいい》とは思われない。しかし、その意味については石上神宮の問題もあわせて、機会を改めて述べてみたい。

第五章　「聖徳太子非実在説」を検証する

誕生伝承と非実在説

蘇我馬子《うまこ》や額田部《ぬかたべ》皇女（推古天皇）と馬飼《うまかい》集団・馬匹《ばひつ》文化の結びつきが濃密であったとすれば、傑出《けっしゅつ》した人物とみられてきた蘇我氏系の聖徳太子（上宮厩戸豊聡耳《かみつみやのうまやとのとよとみみ》皇子、五七四～六二二年）についても、厩《うまや》誕生伝承や非実在説との関連から、触れないわけにはいかない。

聖徳太子は、史上最初の女帝・推古天皇を援《たす》けて政務を執《と》り、大臣《おおおみ》蘇我馬子と協力して遣隋使《けんずいし》派遣・冠位《かんい》十二階と憲法十七条の制定・天皇記《すめらみことのふみ》と国記《くにつふみ》の編纂・斑鳩寺《いかるがでら》（法隆寺）創建・仏教興隆などに尽力し、古代日本の文明化を推進した英明《えいめい》な人物として高く評価されてきた。

ところが近年、『紀』をはじめ関連所伝の信憑性に大きな疑問が投げかけられ、その多くの事績はのちに意図的に創作・捏造されたもので、厩戸《うまやと》王（皇子）という人物は存在したが、英明な偉人と称《たた》えられる聖徳太子はいなかったという「聖徳太子非実在（虚像）説」が強く主張されている。

この主張は、日本史の教科書の多くが聖徳太子から厩戸王に表記が変化したように、教育現場にまで影響をおよぼした。さらに、聖徳太子研究にとどまらず、天皇号の成立や『紀』の編纂者の問題にも波及、近年の古代史研究の重要な課題となっている。

事《こと》の重要さにもかかわらず、聖徳太子非実在説・それに対する批判のいずれもが、当時の歴史的・社会的な実態にまで踏み込んでいないこともあり、いまだに余燼《よじん》が消えず、混乱が収まっていない面もある。

その業績を含め、関連するすべての問題を記すことは困難であり、ここでは主要課題の一つ「廏戸」皇子の名について、もっとも古い聖徳太子伝でもある『紀』の関連記事の分析を行ない、非実在説の可否について考察する。その視点は、ここまで述べてきた蘇我馬子・推古天皇の場合と等《ひと》しく、馬飼集団・馬匹文化との関係にある。

これまでの聖徳太子研究

まず、その基本史料である推古天皇紀元年（五九三）四月己卯《きぼう》条を掲げるが、分析の便宜上、箇条書きにして掲載しよう。

Ⓐ廐戸豊《うまやとのとよ》聰《と》耳《みみ》皇子を立てて、皇太子《ひつぎのみこ》とす。仍《よ》りて録摂政《まつりごとふさねつかさど》らしむ。万機《よろずのまつりごと》を以《もつ》て悉《ことごとく》に委《ゆだ》ぬ。

Ⓑ橘豊日《たちばなのとよひ》天皇の第二子なり。母の皇后《きさき》を穴穂部間人《あなほべのはしひと》皇女と曰《もう》す。

Ⓒ皇后、懐妊開胎《みこあれま》さんとする日に、禁中《みやのうち》に巡行《おわしま》して、諸司《つかさつかさ》を監察《み》たまう。馬官《うまのつかさ》に至りたまいて、乃《すなわ》ち廄《うまや》の戸《と》に当《あた》りて、労《なや》みたまわずして忽《たちまち》に産《あ》れませり。

Ⓓ生《あ》れましながら能《よ》く言《ものい》う。聖《ひじり》の智《さとり》有り。壮《おとこさかり》に及《およ》びて、一《ひとたび》に十人《とたり》の訴《うつたえ》を聞きたまいて、失《あやま》ちたまわずして能《よ》く弁《わきま》えたまう。兼《か》ねて未然《ゆくさきのこと》を知ろしめす。

Ⓔ且《また》、内教《ほとけのみのり》を高麗《こま》の僧慧慈《えじ》に習い、外典《とつふみ》を博士覚哿《はかせかくか》に学びたまう。並に悉に達《さと》りたまいぬ。

Ⓕ父《かぞ》の天皇、愛《めぐ》みたまいて、宮《おおみや》の南の上殿《かみつみや》に居《はべ》らしめたまう。故《かれ》、其の名を称《たた》えて、上宮廐戸豊聰耳太子《かみつみやのうまやとのとよとみみのひつぎのみこ》と謂《もう》す。

『紀』が、即位していない皇子の人物伝を記載するのはきわめて異例である。例外的に詳細な記事を載せているが、実録的なⒶⒷⒺⒻと説話的なⒸⒹが混在していることがわかる。ここで問題とする廏戸皇子の名の由来（廏誕生伝承）が、説話的色彩の濃い内容であることから、真偽をめぐり、早くから取り上げられてきたことも諒解されよう。

まず、Ⓒの聖徳太子の廏誕生伝承については、一九〇五年に早稲田大学教授・久米《くめ》邦武《くにたけ》氏が、キリストが廏《うまや》で生まれたという『新約聖書《しんやくせいしょ》』ルカ伝の説が、シリア人が六三五年に唐《とう》に伝えたという景教《けいきょう》（ネストリウス派キリスト教）を介して日本に伝来し、付会《ふかい》されたもので、事実ではないとした。

これに対して、東京大学名誉教授・坂本《さかもと》太《た》郎《ろう》氏は一九七九年、概略《がいりゃく》次のように述べたが、こうした聖徳太子理解が近年まで一般的であった。

久米邦武氏説は、あまりにとっぴである。景教の知識が日本に伝わったという徴証《ちょうしょう》は、他には全然見当たらないから、ここにだけその影響を見ることは危険である。廏戸の名は鎌倉時代の『上宮太子拾遺記《じょうぐうたいししゅういき》』に橘寺《たちばなでら》東南に廏戸という地名があるというのを信用して、生誕地に因《ちな》んでつけられた名であると考える他《ほか》はない。廏戸は実名であろうが、廏出産物語はあまりにも見えすいた文飾である。敏達天皇三年に、皇太子妃にもなっていない間人皇女《はしひと》が諸司を監察するなど、およそ考えられない事である。豊聰耳《とよとみみ》の名は、聡明なことを讃《たた》えて称した名であり、聖徳太子は薨去《こうきょ》後の謚号《しごう》とみるのが穏当であろう。『令集解』公式令条《くしきりょう》「古記《こき》」には、謚《おくりな》の例として「上宮太子、聖徳《しょうとく》王と称するの類《たぐい》」とある。『古今《ここん》目録抄《もくろくしょう》』に載せる「法起寺塔露盤銘文《ほうきじとうろばんめいぶん》」に「上宮太子聖徳皇」と見え、丙午《へいご》年（慶雲《けいうん》三年＝七〇六年）に露盤を創ったと銘文にある。

冠位十二階、憲法十七条など著名な業績を肯定的にとらえる立場でも、廏戸王・豊聰耳王・上宮王等の多くの名は、「地名・氏族名あるいは人名を襲用《しゅうよう》して命名したもので、特別の由来によるとの伝承はすべて後人《こうじん》の附会《ふかい》であろう」と、否定的に位置づけられてきた（家永一九七五）。

主要な業績は認められるが、名《な》に関する関連所伝は信用できないとするものだが、同一史書の記述を相反するものと評価することと、名に関する記事の背景を追究していないところに、この立場から描く聖徳太子像に脆弱《ぜいじゃく》な面があった。
したがって、その名だけでなく、業績についても後世の創作・加上《かじょう》であるとする聖徳太子非実在説が強く主張されると、これまでの聖徳太子像全体が大きくゆらぐ状況に陥ったのもやむを得なかった。

最初の聖徳太子非実在説

本格的な聖徳太子非実在説の嚆矢《こうし》は中部大学教授・大山誠一《おおやませいいち》氏（大山一九九八・一九九九・二〇一一年）であるが、そのなかの『〈聖徳太子〉の誕生』から、本章に関連する部分の主張の要旨を紹介しよう。

聖徳太子の人物像は、奈良時代になって、当時の権力の中枢にいた藤原不比等《ふひと》や長屋王《ながや》・僧道慈《どうじ》らの手により、『日本書紀』編纂時に作られたものである。聖徳太子像を創作した背景には、中国の律令制を模倣《もほう》するなかで、その秩序の根本にある皇帝の権威《けんい》を形式的にせよ受容し、理想的天皇像を具体的に示すため、過去の歴史のなかにそのモデルとして聖徳太子像を創作したのである。特に藤原不比等にとっては、首《おびと》皇子（のちの四十五代聖武《しょうむ》天皇）の皇太子としての地位の認知と、将来の即位を確実なものにするために、理想的な太子像を創作した。王族に廏戸王（皇子）という人物は存在したかもしれないが、『紀』が描く聖徳太子という人物はまったくの架空の人物であり、廏戸の名は生年（敏達天皇三年甲午《こうご》＝五七四年）の干支《かんし》に由来する可能性が高い。

これを承《う》けて、『紀』の編述者問題にも関わり、入唐僧《にっとうそう》の道慈を重視する立場から、大山氏説を支持する立場もあるが（吉田一彦二〇〇六）、批判的な見解も少なくない。道慈による『紀』述作説への批判については前著（平林二〇一五a）で述べ、のちにも若干触れるように、その考えの成り立ちがたいことは明白である。

聖徳太子非実在説への批判1

聖徳太子非実在説には「社会的地位も築かれた研究者がこのような未成熟な成果を世に問われること自体、社会的な悪影響を及ぼしかねない」（田中嗣人二〇〇二）など手厳しい評価があり、次のような辛辣《しんらつ》な批判もある（山尾二〇〇二）。

○聖徳太子像が、藤原不比等・長屋王・道慈による「虚構」「捏造」などとされたことは「洵《まこと》に違和感が強い」。

○天寿国繡帳《てんじゅこくしゅうちょう》が七四七年以後の光明《こうみょう》「皇后の情念の産物」で、「多至波奈大女郎《たちばなのおおいらつめ》」は「架空の存在」だという主張は「驚天動地《きょうてんどうち》である」。

○『紀』では「聖徳太子」とヤマトタケルとは「一対の存在として描かれている」が、廏戸王は「ヤマトタケルのモデル」久米《くめ》王の実兄であり、子孫が絶滅していたので「いかなる話を創作しようと、誰にも迷惑も影響も与える心配はない」。それで廏戸王が選ばれたのであるという主張には、「驚愕《きょうがく》というよりも呆然たる想《おも》いに囚《とら》われる」。

非実在説の全面的否定であるが、各条に関する対案の提示が部分的、かつ印象論的な箇所もあり、いま一つ廏戸皇子の実像に迫りきれておらず、残念である。したがって、これ以降の聖徳太子研究では、非実在論に与《くみ》しなくても、名については触れない傾向が少なくない。

たとえば、仏教史の立場から、名に関連する記事には「奇瑞《きずい》説話も見えているが、これは安易には使えない。奇瑞説話が史料としてまったく使えないわけではない。実録記事以上に説話成立時の思想状況が抽出できる場合は多々《たた》ある。ただ抽出し得るのは、あくまで説話成立時点の背景である。説話が語る内容そのものが史実を語ることはまずない」（曾根二〇〇七）とする説もあるが、その説話を詳しく分析するには至っていない。

また、古代史の側からは、「直系天皇候補に選ばれた聖徳太子についても、政治的な能力・能動性を十分に認めるべきであろう」（吉川二〇一一）と、論争に深入りせず肯定的に聖徳太子を描いている。

さらに、推古朝に皇太子という地位や摂政という職位は未成立であり、廏戸皇子は「有力な大王位継承有資格者として政治に参加していたに過ぎない。……早い時期から伝説が成立し、「聖徳太子」という呼称も生まれていったが、『日本書紀』に描かれている廏戸王子自体も、すでに伝説なのであり、……慎重な検討が必要であろう」（倉本二〇一四）と、聖徳太子非実在説を意識したと思われるものもある。

聖徳太子非実在説への批判2

こうしたなか、近年二つの強力な非実在説批判が発表された。それらは内容にまで深く踏み込んで論駁《ろんばく》したもので、これにより非実在説は基礎からゆらいでいると思われる。

一つは北京大学教授・井上亘《いのうえわたる》氏の、憲法十七条が『紀』編者や書記官の作品ではないことをその内実《ないじつ》から考察したもの。もう一つは駒澤大学教授・石井公成《いしいこうせい》氏によるもので、論は多岐《たき》にわたるが、ここでは本書と交わる論点について紹介する。

○聖徳太子虚構説（非実在論）は文献だけで論じており、考古学や美術史の成果についてまったく考慮していないことが問題である。
○『記』では、すでに用明天皇記に「上宮之廏戸豊聰耳命《かみつみやのうまやとのとよとみみのみこと》」と特別な呼称で記されている。『記』の編纂は道慈が唐に留学していた時期になされているから、道慈が虚像造作に関与したとはみられない。また、道慈が長屋王・藤原不比等に仕えた状況は見出しがたい。
○虚構説では、道慈が持ち帰った金光明最勝王経《こんこうみょうさいしょうおうきょう》で『紀』を潤色《じゅんしょく》、聖徳太子像を捏造したと説くが、廏戸皇子の活躍が記される推古天皇紀では、この経典を用いた文飾が存在しない。
○廏戸皇子の事蹟とされる憲法十七条などについても、真作とはできないまでも内容や用字からみて、推古朝を大きく隔《へだ》たる時期のものではない。
本質を突いた意見であり、これを覆《くつがえ》すことは困難と思われる。さらに、廏戸の名について次のように述べている。

○廏誕生伝承は、穴穂部間人皇女《あなほべのはしひと》か用明天皇と関係深い廏で出産したことが、隋《ずい》の闍那崛多訳《じやなくつた》『仏本行集経《ぶつほんぎようじつきよう》』「樹下誕生品」の釈尊《しやくそん》誕生伝承の枠組《わくぐ》みを借用、潤色して成立したものであろう。

○廏戸皇子が良い馬を飼う技術を持っていた渡来系氏族と関係が深く、「廏戸」という名もその関連でつけられたことは事実と思われる。

右の石井氏説の、「廏戸」の名に関わる部分は、大阪大学名誉教授・井上薫《いのうえかおる》氏の説に依拠して、馬飼集団の関係を指摘したものである。

仏典に暗い筆者には、廏誕生伝承と『仏本行集経』「樹下誕生品」の釈尊誕生伝承の関連を判断することは難しい。そこで、『紀』の所伝における「豊聰耳」「上宮」「廏戸」について、改めて馬飼集団・馬匹文化の視点から考えてみたい。

「豊聡耳《とよとみみ》」は何を意味するか

「豊聡耳」が、Ⓓ（196ページ）と対応することは、諸説異論がない。

生まれながらにして言葉を発し、一度に一〇人の訴えを聴き分け理解するなど、まさに超人業《わざ》であり、にわかに信じられないが、おそらく『紀』編者も、事実として記載したわけではなかろう。

問題は、『紀』編者が事実とは考えない記事を、なぜ記載したのかということである。それは、先に紹介した坂本氏が述べるように、「豊聡耳」は「聡明なことを讃えて称した名」であり、その聡明さの例示として、この記事を載せたのであろう。

古代において、「耳」は音声を鋭敏に聴き知り、霊威を感じ、神意を判断する器官として特別視・神聖視されており（松村一九五八、平林一九九二）、豊聡耳＝聡明なさまが常人の比《ひ》でないこと（名の由来）を、たとえ話で説明しているのである。

その説明の成立が、『紀』編纂時か、それともそれ以前かは明らかではないが、この記事が事実でないからといって、豊聡耳皇子の存在を否定することはできない。

写真14 上之宮《うえのみや》遺跡

奈良県桜井市上之宮《うえのみや》所在。東西約60m×南北約100m、6世紀後半〜末の建物群遺跡。写真は石組みの園池《えんち》遺構(復元)

「上宮《かみつみや》」＝斑鳩《いかるが》宮説

「上宮」は、Ⓕ（196ページ）に記されるように、父である用明天皇の王宮・磐余《いわれ》池辺《いけのへの》双槻《なみつき》宮の南に建てられた皇子の宮（大和国十市郡の上之宮遺跡〔写真14〕比定説が有力）の名称と解するのが一般である。

また斑鳩宮は、大和国平群郡額田郷の西、山部《やまべ》郷（現・奈良県生駒郡斑鳩町）の地に、廏戸皇子が推古天皇九（六〇一）年二月に造営を始め、同十三年十月に磐余《いわれ》の上宮から遷居して本拠としたと伝えられる。

「上宮」の理解に対して、大山誠一氏

は「宮殿の場合は、北が上のはずで、南側の建物がなぜ『上殿《かみつみや》』と称されたのか不可解」と批判する（大山二〇〇三）。

古代地名において必ずしも北が上と限らないことは後述するが、「上宮」「廏戸」に関して新たな解釈が提示されたので（新川二〇〇七）、その要旨を紹介しよう。なお、※は筆者の注釈である。

上宮を登場させる『紀』の記事は、聖徳太子が斑鳩宮（※現・法隆寺東院《とういん》下層に遺構が存在）で亡くなる時と、聖徳太子の没後の斑鳩宮やその遺族集団に関するものに集中する特徴がある。このことから、むしろ斑鳩宮を「上宮」と呼んだ可能性がきわめて高い。なぜ、上宮と呼ぶのかは不明であるが、「皇太子」であることの正当性を保つために、父・用明天皇の宮殿に関連する上宮で成長し、養育される必要があったからと考えられる。ウマヤトが本来、廏戸（廏の出入り口、境界）の意味なのかどうかは別の問題である。ただ、廏戸という二文字をあてた時から、その意味が発生したことは確かである。午年生《うまどし》まれの人が廏の文字を名に持つ例はまずない。（※応神朝に百済王が阿直伎《あちき》を遣《つか》わして良馬二匹を献上、それを軽《かる》の坂上《さかのうえ》の廏で飼育させ、阿直伎は太子の菟道稚郎子《うじのわきいらつこ》に経典を教える博士にもなったとあることから）廏は馬を飼うだけでなく、教育発信と受容の重要な場所であり、交通の要衝でもある「チマタ（交差点）」の廏に、多くの子どもたちが集まった。「廏戸」皇子は、確かに誕生や成長の社会環境・習俗に由来した呼称である可能性が高いが、『紀』はこれを歪曲《わいきょく》化した。「上宮」「廏戸」が枕詞《まくらことば》のように用いられるのに対し、独立して用いられる「トヨトミミ」は確かな生前の名であった可能性がある。

つきつめれば右の説は、上宮＝斑鳩宮、廏＝教育発信と受容の場所であり、上宮と廏戸の名はそれらに由来し、トヨトミミ＝確かな生前の名、の三点に要約できる。甲午年誕生由来説の否定は支持されるが、説の要《かなめ》である上宮＝斑鳩宮説は成り立つであろうか。

「上宮」は何を意味するか

上宮＝斑鳩宮説については、なぜ「上宮」と呼ぶのかは不明であるとして論拠・傍証を示していないことから、従うことはできない。全体的に非実在説を強く意識した論であるが、これは次の説（古市二〇一二）にも大きな影響を与えている。

「上宮は斑鳩寺の東に位置する宮の相対的呼称として用いられ始め、それが次第に自立した呼称となった」「廏における出産伝承が……後世の付会に過ぎないことは、言うまでも」なく、舒明天皇が使用する「以前の廏坂《うまやさか》宮に居住していた王族の一人として、太子を想定することが可能」であり、「廏戸は軽の廏坂を指し、そこに所在した王宮にもとづくものと理解」されるとの主張である。

上宮＝斑鳩宮、廏戸＝軽廏坂宮に比定する同主張を支持する立場もある（大平二〇一四）。

しかし、上宮はその自然地理的状況から従前の比定が妥当であり、馬匹集団の額田部連氏との関係などから、その考えは成り立ちがたいという反論もある（渡里二〇一三）。また、右の主張の前提となった論文（古市二〇一一）については、「推古の諱《いみな》

（実名）が額田部であるから、額田部が推古のために置かれた名代《なしろ》であるというのは本末転倒であり、すでに存在していた額田部という氏族が推古の資養に充《あ》てられたから、推古は額田部と名づけられたのである」という、厳しい批判（告井二〇一四）もある。

　これらは、おおむね妥当な批判と認められ、呼称の起源となる当初の上宮＝斑鳩宮説が成り立たないことは明白であろう。

　ただし告井氏説のうち、「仁徳の諱のサザギ（ママ）は地名であり、近江国蒲生《がもう》郡佐々木《ささき》（篠笥）である」「宇治《うじ》部・八田《やた》部・葛城《かつらぎ》部・額田《ぬかた》部・雀《さざき》部は、地名を名に負うもので名代である。宇治部と雀部は応神が置いたと考えるべきで、部の設置の画期は応神に遡《さかのぼ》る」とする諸点は論証がなく、従うことはできない。

　その主な理由は、その主張の根幹にかかわる、仁徳天皇の諱の鷦鷯《さざき》（雀）の由来を語る仁徳天皇紀元年正月己卯条の鳥霊《ちょうれい》信仰（鳥を神や魂《たましい》の運び手として敬《うやま》う）にもとづく誕生説話である、木菟《つく》と鷦鷯の名を取り替える易名《えきめい》伝承（武内宿禰《たけしうちのすくね》・平群木《へぐりのつ》菟《く》宿禰と応神天皇・大鷦鷯尊《おおさざきのみこと》の組み合わせ）について、まったく分析がなされていないことである。

さらに、近江国蒲生郡佐々木と仁徳天皇の関係を示す史料も皆無である。加えて、名代と部の成立時期についても、金石文《きんせきぶん》から五世紀代の存在が確かめられないことや、名代の名を負《お》う王族が欽明天皇の子の世代からしか現われないことなど、主張を覆す事柄が多く存在することにある。

では、推古天皇紀二十九年二月是月条などにみえる、廏戸皇子に用いられた「上宮」という宮殿由来の名はどのように考えるべきであろうか。これはⒻ（196ページ）の信憑性《しんぴょうせい》にも関わるが、説話と宮号《みやごう》の成立に前後関係があった、あるいは当初から一体的存在であったと、いずれにも解することが可能である。

ただし、すでに指摘があるように（坂本一九七九、渡里二〇一三）、用明天皇の王宮が存在した磐余地域は北に向けては平坦な地形であるが、南部が丘陵である。この自然地理的状況を参酌《さんしやく》すれば、上宮が王宮の南であることを理由に、これをのちの創作と断定することはできない。上は北でなければならないとする固定観念から離れて、この場合は用明天皇の宮との距離、地形の高低、河川の上下など、地理的条件を勘案する必要があるだろう。

参考までに、大和国内の上下に分割される郡名の相互の位置関係を示せば、葛《かつらぎの》上《かみ》＝南・葛下《かつらぎのしも》＝北、添上《そうのかみ》＝東南・添下《そうのしも》＝西北、城上《しきのかみ》＝東南・城下《しきのしも》＝西北となっており、必ずしも北が上となっていない。この場合は、宮都《きゅうと》もしくは国府《こくふ》に近いほうが上になるという原則によっていると思われる。

いずれにしても、愛息《あいそく》を条件の良い近接地に住まわせるという内容は一般的でもあり、王宮の南の高台に上宮が存在しても矛盾はない。天子《てんし》南面の考えとの関連は明らかではないが、用明天皇が王宮より川上の高い場所に住まわせるほど、廏戸皇子に対する思いが深かったことを強調していると解するべきであろう。このことからも、呼称の起源となる上宮を斑鳩宮にあてることはできない。皇極天皇紀二年十一月丙子朔《へいしのさく》条には、斑鳩宮を上宮と記しているが、これは主《あるじ》の移住にともなう呼称の移動であり、本来の宮号とはできない。

「廐戸《うまやと》」は何を指すか

「廐戸」については、Ⓒ（196ページ）が対応する。同記事は、廐戸の名の由来を語るために掲載されたことはまちがいない。しかし、廐での誕生など、にわかに事実とは信じられない内容であることから、懐疑的にとらえる一因にもなっている。

廐戸の名が午年《うまどし》（敏達天皇三年甲午＝五七四年）誕生に由来するとの説（大山一九九九、森田悌二〇〇五）は、午年生まれであっても廐戸と名づけられることはないから、成り立たない（新川二〇〇七）。また、この時に父の橘豊日皇子《たちばなのとよひ》は即位前であり、母の穴穂部間人皇女《あなほべのはしひと》もいまだ「禁中《みやのうち》に巡行《おわしま》して、諸司《つかさつかさ》を監察《み》たまう」権限はないから、説話の内容と整合しない（坂本一九七九）。

つまり、この部分が後世の付加であることは明白であり、本来この物語は廐で誕生したという単純な内容であったと考えられる。

『上宮聖徳法王帝説』は「池辺《いけのへ》天皇の后《きさき》、穴太部間人王、廐戸を出《い》でし時に、忽《たちまち》に上宮王《かみつみや》を産《う》みたまいき」と簡略に記している。『紀』より説話化が未熟で、このほうが本来の所伝に近いと思われる。

『紀』からみた聖徳太子

ここまで「豊聰耳」「上宮」「廏戸」をみてきたが、聖徳太子の名「上宮廏戸豊聰耳太子」だけでも諸説紛々《ふんぷん》として、聖徳太子像を描くことが困難な状況にあると理解されよう。

その実在否定説だけでなく、与《くみ》しない立場においても、合理的な論述のようにみえて納得できない点が残るのは、『紀』に対する基本的な理解に問題があるとも考えられる。つまり、関連所伝の歴史的・社会的背景を十分に検証せずに、端《はな》から『紀』の記事は「疑わしくて信用できない。創作・捏造である」という見方を前提としているからではないか。

『紀』からみた廏戸皇子は、その成立（七二〇年）からは約一〇〇年前、編纂着手と目される天武天皇十（六八一）年三月丙戌《へいじゅつ》に、川嶋《かわしま》皇子ら一二名に「帝紀《ていき》及《およ》び上古《いにしえの》諸事《もろもろのこと》」を記定させた時から、約六〇年前の人物に過ぎない。

また、『紀』編纂には舎人《とねり》親王はじめ多くの人物が関与し、完成後は定期的に朝廷で講書《こうしょ》（講義）が行なわれたように、公開が前提であった。六〇年あるいは一〇〇年前の状況については、関連史料だけでなく関係者の記憶にも朧《おぼろ》げながら残っていたと思われ、廏戸皇子について、大胆な創作や事実と異なる記事の捏造が自在であったとは考えにくい。なぜなら、『紀』の編纂は、ごく限られた人々の利益を目的とした個人的営為《えいい》ではなく、時《とき》の支配層に共有されるべき国家正史《せいし》の編纂であったからだ。

加えるに、記載内容と編纂時の政治的動向を対応させて、恣意《しい》的に解釈する傾向がみられることも、『紀』の研究が混迷していることの原因と思われる。これが今日の主要な方法・立場でもあるが、それに対する問題点は以前に述べたから再論は控えよう（平林二〇一五a）。ここで、肝要なのは次の点である。

先に掲げたⒸⒹ（196ページ）は、直接的な事実として記しているのではなく、たとえ話で人物像をわかりやすく説明していると理解するべきである。間接的な形容を、直截《ちょくせつ》的・表面的に受け取り、事実としてはあり得ないと決めつけて切り捨てるのは、こうした古代史料の扱い方としてはあまりにも単純・短絡に過ぎよう。

端的《たんてき》に記せば、『紀』がなぜ、そうした所伝を記載しているのかを考え、廏戸皇子が生きた六世紀から七世紀代の歴史実態や社会の在《あ》りようから分析し、考察を進めることが必要である。先入観を捨てて虚心坦懐《きょしんたんかい》に、関連所伝の歴史的意味と背景を探究するしか方法はない。

聖徳太子と馬司《うまのつかさ》

そこで、まず古代の出産の状況についてみてみたい。

神代記の海佐知毘古《うみさちびこ》・山佐知毘古《やまさちびこ》神話、神代紀第十段一書《あるふみ》第一、仁徳天皇紀元年正月己卯《きぼう》条などによれば、王族・有力氏族の出産には居住空間とは別に、事前に専用の建物であるウブヤ（産殿、産室）を設《しつら》えるのが一般的であった。

国内や近隣地域での類例は見出せないが、馬飼集団の間で廏を産室に転用することがなかったとは断定できない。彼らの間では廏で出産する習俗が存在したために廏戸という名がつけられたとも推察されるが傍証《ぼうしょう》はなく、強弁《きょうべん》はできない。ただ、例をみない特異な内容から、廏誕生伝承と廏戸の名は当初から一体的に伝来していた可能性が高い。廏誕生伝承を廏戸の名から分離すれば、その存在意義はなくなるからだ。

廏戸の名は、その娘・馬屋古《うまやこ》女王の存在などから、誕生年の干支よりも馬屋に意味があったとの指摘もある（吉村二〇〇二）。彼女の母は、膳臣傾子《かしわでのおみかたぶこ》の娘・菩岐々美《ほききみの》郎女《いらつめ》であるから、「馬屋古」は父の名を継承した可能性が高い。いずれにしても、廏戸の名は、馬飼集団との関係を視野に入れて考察しなければならない。

これについては、過去すでに指摘があったが（上田一九七八、井上薫一九九六）、深く追究されなかったこともあって、重要な論点として発展しなかった。そうしたなか、次の指摘は大いに示唆的である（鈴木二〇一二）。

推古朝は官人《かんじん》制・官司《かんし》制の展開を主に国制の一期を画した時代とされる。推古朝には馬官《うまのつかさ》（推古天皇元年条）あるいは馬司《うまのつかさ》（『続日本紀』天平神護《てんぴょうじんご》元年五月条）があった……。この馬司には上宮《じょうぐう》太子（廏戸王子）に仕える人物が任ぜられたという。馬官は権力の基本的属性たる軍事と外交、そして交通に密接する職務を掌《つかさど》る官司である……。

要するに、名の固有性、説話内容の特異性にこそ、廏戸皇子像を明らかにする鍵が存在する。次なる課題は、これに関わる具体的事実の解明である。その際に注目されるのが、指摘にある『続日本紀』天平神護元年（七六五）五月庚戌《こうじゅつ》条の内容である。

播磨守《はりまのかみ》従四位上日下部宿禰子麻呂《くさかべのすくねこまろ》ら言《もう》さく、「部下賀古《ぶかかこ》郡人外従七位下馬養造《うまかいのみやつこ》人上《ひとかみ》款して云《い》わく、『人上《ひとかみ》が先祖吉備都彦《とおつおやきびつひこ》の苗裔《すえ》、上道臣息長借鎌《かみつみちのおみおきながのかりかま》、難波高津朝庭《なにわのたかつのみかど》に於《おい》て、播磨国賀古郡印南野《いなみの》に家居《かきよ》したり。その六世の孫牟射志《むざし》、能《よ》く馬を養うを以《もつ》て、上宮太子に仕《つか》えて馬司《うまのつかさ》に任《にん》せらる。斯《これ》に因《よ》りて、庚午年《こうごのとし》、籍《じやく》を造《つく》りし日、誤りて馬養造に編《あ》まれき。伏《ふ》して願わくは、居地《きよち》の名を取りて、印《い》南野臣《なみののおみ》の姓《かばね》を賜《たま》わんことを』といえり。国司覆審《ふくしん》するに、申《もう》す所実《まこと》有り」とまうす。これを許す。

天平神護元年五月に、印南野臣を賜姓された播磨国賀古郡（現・兵庫県加古川《かこがわ》市から高砂《たかさご》市あたり）人の馬養造人上が、申請通り実際に「吉備都彦の苗裔、上道臣息長借鎌」の後裔であったかは確かめようがない。しかし、祖先の牟射志がかつて「上宮太子に仕へて馬司に任せら」れたことから、最初の全国的な戸籍である天智天皇九年（六七〇）の庚午年籍《こうごねんじやく》において、馬養造氏とされたことはまちがいなかろう。

要するに、廄戸皇子が家政《かせい》機関（家事を執り行なう機関）として「馬司」を所有し、播磨国賀古郡印南野に本貫を有する馬飼集団が、その馬の飼育・管理に従事していたことは確かであろう。

長屋《ながや》王と馬司

古代の王族が、独自に保有する馬を飼育・管理する家政機関の馬司を設置することは、きわめて異例なことであった。それは一部の有力王族の特権であり、この時代には廄戸皇子以外では、次の例が知られるだけである。

一九八六年から一九八九年の平城宮跡発掘調査で、奈良県奈良市二条大路南《にじょうおおじみなみ》一丁目（平城京左京三条二坊一・二・七・八坪）から、奈良時代前期の左大臣《さだいじん》長屋王の邸宅跡が出土した。一九八八年の調査では三条二坊一坪南東の溝から数万点におよぶ木簡《もつかん》が出土、長屋王家の構成、家政機関、経済基盤などの分析が可能となった（奈良国立

文化財研究所一九八九〜一九九三・一九九一）。

その家政機関のひとつに「木上司《きのへのつかさ》」があり、所在地は大和国広瀬郡城戸郷《きのへ》（現・奈良県北葛城郡広陵町南部）に求められる（岩本二〇〇一、平林二〇〇二）。これを飛鳥に求める説（舘野一九九二、森田悌一九九四）、あるいは香具山の東方とする説（寺崎一九九九、渡里二〇〇八）などもあるが、関連史料からみて妥当性はない。

この木上司の付属機関として、「木上御馬司《きのへのみうまのつかさ》」が置かれていたことも、出土木簡から明らかになった。

広瀬郡の木上司や葛下郡北部（現・奈良県北葛城郡王寺《おうじ》町と上牧《かんまき》町）の「片岡司《かたおかのつかさ》」など、馬見《うまみ》丘陵地域の長屋王家の所領は、父・高市《たけち》皇子（天武天皇の長男）から伝領《でんりょう》したものであり、木上御馬司もその一つであった。七世紀後半には、高市皇子家に木上御馬司が存在したと考えられるが、廏戸皇子の馬司はそのさきがけである。

かつて「豆山《まめやま》」とも呼ばれた馬見丘陵は、築山《つきやま》古墳（全長二一〇メートル）・巣山《すやま》古墳（全長二〇四メートル）・河合大塚山《かわいおおつかやま》古墳（全長二一五メートル）をはじめ、前期から後期の古墳一〇〇余基が集中する、馬見古墳群の存在で知られている。

木上御馬司に関わり、平城京二条条間大路南側溝《そっこう》から出土した和銅六年（七一三）五月十日付木簡（奈良国立文化財研究所一九六九）は、九名の人物を急ぎ召《め》し出した内容であるが、そこにみえる人物「大豆造今志《まめのみやつこいまし》　広背郡《ひろせ》」にも注目される。

飛鳥・川原寺《かわらでら》の寺領を記した和銅二年の『弘福寺田畠流記帳《ぐふくじでんばたるきちょう》』（『寧樂遺文』）に、「大倭《やまと》国広瀬《ひろせ》郡大豆《まめ》村」の水田が記載されており、ここが木簡に記された広背郡（広瀬郡）の「大豆造今志」の本貫であったことがわかる。

広瀬郡大豆村は、馬見丘陵東南部に位置する、現在の奈良県北葛城郡広陵町安部《あべ》あたりに比定されているが、広陵町三吉《みつよし》に豆田《まめだ》、広陵町南には二カ所の大豆《まめ》川の字名《あざな》などが分布することから（『日本歴史地名大系』三〇、奈良県立橿原考古学研究所一九八二）、もうすこし広くみたほうがよい。

馬飼集団・大豆造《まめのみやつこ》氏

大豆造氏は『新撰姓氏録』には載っていないが、次に引く『続日本紀』宝亀《ほうき》元（七七〇）年八月戊午《ぼご》条にみえる。

初《はじ》め、天平十二年、左馬寮《さめりよう》の馬部大豆鯛麻呂《めぶまめのたいまろ》、河内国人川辺朝臣宅麿《かわのへのあそんやかまろ》が男杖代《おのこつえしろ》・勝麻呂《かつまろ》等を誣告《ぶこく》して飼馬《うまかい》に編附《へんぷ》せしめき。宅麿累年《としごろ》披《ひら》き訴《うつた》えり。是《ここ》に至りて始めて雪《きよ》む。因《より》て飼馬の帳《ちよう》を除《のぞ》く。

左馬寮の馬部大豆鯛麻呂は、大豆造今志の同族であろう。馬部は、律令制以前の馬《うま》飼部《かいべ》の系譜を引く馬飼集団の首長で、大豆造氏は馬の飼養・調教に従事した馬飼部の伴造《とものみやつこ》である。「飼馬」は日常的に馬飼に従事した「飼丁《かうよほろ》」のことで、河内国人である川辺朝臣宅麿の子の杖代・勝麻呂らは、馬部の大豆鯛麻呂の下《もと》で馬飼に従事させられていたのである。

なお、大豆造の「大豆」は、「おほまめ（新日本古典文学大系『続日本紀』）」「だいず（古典文庫『続日本紀』）」ではなく、「まめ」と訓《よ》むべきことは、右から明らかである。

ちなみに、川辺朝臣宅麿の子の杖代・勝麻呂らが、事実を曲《ま》げて「飼馬」に登録されたと訴えたが、川辺朝臣（旧姓・臣《おみ》）氏は『新撰姓氏録』右京皇別上条に「武内宿禰四世の孫、宗我宿禰《そがのすくね》の後《すえ》なり」とあるように蘇我氏同族であり、河内国石川郡川野《かわの》辺《へ》（現・大阪府南河内《みなみかわち》郡千早赤阪《ちはやあかさか》村川野辺《かわのべ》）を本貫とした。

欽明天皇紀二十三年（五六二）七月是月条に新羅遠征の副将軍「河辺臣瓊缶《かわのへのおみにえ》」、推古天皇紀三十一年（六二三）是歳条の新羅遠征副将軍「河辺臣禰受《ねず》」など、外交・軍事関連記事で名が散見される。川辺朝臣宅麿らが意に反して「飼馬」に登録されたのは、彼ら自身が馬飼の技術・知識を有していたからと思われるが、これも蘇我氏と馬飼集団の関係を考える上で参考になる。

加えて、馬見丘陵には上牧《かみまき》・下牧《しもまき》（現・奈良県北葛城郡上牧《かんまき》町）、牧野《ばくや》（現・同県北葛城郡広陵町）などの地名が分布することから、牧《まき》の存在が推察されてきたが、長屋王家の木上御馬司や馬飼集団である大豆造氏の存在は、それが確かなことを示している。

さらに、大倭国広瀬郡大豆村の西方約二キロメートルに位置する奈良県香芝市の下田東遺跡から、四世紀末から五世紀初頭の木製の鞍が、隣接する五世紀後半の下田東一号墳からは額髪《ぬかがみ》を特徴的に成形した飾り馬の埴輪が出土したことは先述した。小規模な古墳から出土する埴輪は、被葬者集団の特徴を示すもので、これらからも馬見丘陵における馬飼集団の存在が知られる。

古代の有力王族が家政機関として馬司を置いていたことは、馬飼集団や牧などの人的・物的基盤が特別に整えられていたことを意味する。史料に現われる奈良時代初期までの王族の馬司が、他には長屋王家のみであることから、廏戸皇子・上宮王家の馬司についても、そうした視点から評価する必要がある。

聖徳太子と鵤荘《いかるがのしょう》の結びつき

廏戸皇子の馬司に仕奉《しぶ》した馬養造《うまかいのみやつこ》（印南野臣《いなみののおみ》）氏は播磨国賀古郡の人であったが、廏戸皇子・法隆寺は播磨国と深い結びつきが存在した。それは、推古天皇紀十四年（六〇六）条の、廏戸皇子が勝鬘経《しょうまんぎょう》と法華経《ほけきょう》の講説《こうせつ》を行なったという、次の所伝からうかがえる。

秋七月《ふみつき》に、天皇、皇太子を請《ま》せて、勝鬘経を講《と》かしめたまう。三日に説き竟《お》えつ。是歳《ことし》、皇太子、亦《また》法華経を岡本宮《おかもと》に講《と》く。天皇、大《おお》きに喜びて、播磨国の水田百町を皇太子に施《おく》りたまう。因《よ》りて斑鳩寺《いかるがのてら》に納《い》れたまう。

廐戸皇子による経典講義についてはさまざまな議論があるが、石井公成氏は当時の東アジアの情勢からみて、あり得ないことではないとしている。ここでの問題は、その際に推古天皇から贈られた播磨国の土地を、斑鳩寺（法隆寺）に施入《せにゅう》したと伝えることである。

　これが一定の事実を踏まえていることは、『上宮聖徳法王帝説』に推古天皇が聖王（廐戸皇子）に「播磨国揖保《いぼ》郡佐勢《させ》地五十万代《しろ》（代は古代の土地面積の単位、五〇代＝一反《たん》）」を布施《ふせ》し、聖王がそれを法隆寺地としたとあること、法隆寺の縁起《えんぎ》（由来）と財産を記した天平十九（七四七）年成立の『法隆寺伽藍縁起幷流記資財帳《ほうりゅうじがらんえんぎならびにるきしざいちょう》』（『寧樂遺文』）に、聖徳法王が推古天皇から布施された「播磨国佐西《させ》地五十万代」を、「伊《い》河留我本寺《かるがほんじ》・中宮尼寺《ちゅうぐうにじ》・片岡僧寺《かたおかそうじ》」の三寺に分入したとあること、などからも理解される。ただし、五十万代という面積は、いささか過大である。

播磨国揖保郡佐勢（佐西）の地が東方に広がり、のちの法隆寺領鵤荘《いかるがのしょう》（現・兵庫県揖保《いぼ》郡太子《たいし》町）になった（『日本歴史地名大系』二九）。嘉暦《かりゃく》四（一三二九）年の『法隆寺領《ほうりゅうじりょう》播磨国《はりまのくに》鵤《いかるが》荘《のしょう》絵図《えず》』（法隆寺蔵、『太子町史』二）には、西部の林田《はやしだ》川流域に「片岡《かたおか》」の地名が集中して分布し、「片岡庄《かたおかのしょう》」と記されているから、三寺への土地分納も事実とみてよい。

ただし、片岡僧寺（片岡王寺《かたおかおうじ》、現・奈良県北葛城郡王寺町）が上宮王家とは疎遠な敏達天皇後裔集団による創建であることから、土地分納は廏戸皇子の没後とみるべきである（平林二〇〇〇）。

生石《おうしこ》神社の「石《いし》の宝殿《ほうでん》」

廏戸皇子・法隆寺と播磨国の結びつきは、廏戸皇子の馬司に仕奉した馬養造（印南野臣）氏について考える上でも参考になる。馬養造氏は播磨国賀古郡印南野との関係を語っているが、次に引く『播磨国風土記』賀古郡大国里《おおくにのさと》条の所伝も留意される。

此《こ》の里に山あり。名を伊保山《いほやま》という。帯中日子命《たらしなかつひこのみこと》を神に坐《ま》せて、息長帯日女《おきながたらしひめの》命《みこと》、石作連大来《いしつくりのむらじおおく》を率《い》て、讃岐《さぬき》国の羽若石《はわかのいし》を求《ま》ぎたまいき。彼《そこ》より度《わた》り賜《たま》いて、未《いま》だ御廬《みいお》を定めざりし時、大来見顕《あらわ》しき。故《かれ》、美保山《みほやま》という。山の西に原《はら》あり。名を池《いけ》の原《はら》という。原の中に池あり。故、池の原という。原の南に作石《つくりいし》あり。形、屋《や》の如《ごと》し。長さ二丈《つえ》、広さ一丈五尺《さか》、高さもかくの如し。名号《な》を大石《おおいし》という。伝えていえらく、聖徳王の御世《みよ》、弓削大連《ゆげのおおむらじ》の造《つく》れる石なり。

この地域は現在まで続く、竜山石《たつやまいし》の産地として知られているが、古墳時代には死者を納める石棺《せっかん》の石材として広く使用されていた。

右の所伝にみえる巨大な作石とは、兵庫県高砂市阿弥陀《あみだ》町に鎮座する生石《おうしこ》神社の御《ご》神体《しんたい》「石《いし》の宝殿《ほうでん》」のことで、JR山陽本線の宝殿駅の駅名にもなっている。この作石は七世紀中頃以降の横口式石槨《よこぐちしきせっかく》とみられ、物部守屋《もののべのもりや》（弓削大連《ゆげのおおむらじ》）とは時代が合わない。ただし、「聖徳王の御世（聖徳太子の時代）」という表現が廏戸皇子以降、大化以前の時期を指しているならば、大きな齟齬《そご》はないという（間壁忠彦・葭子一九七八）。

各国の『風土記』は、和銅六（七一三）年の官命を受けて編纂されたが、『播磨国風土記』は郡里《ぐんり》制で記されていることや、揖保郡越部《こしべ》里条の「川内《かわち》国泉《いずみ》郡」は霊亀《れいき》二（七一六）年以前の表記であることなどから、『紀』完成前の成立とみられている。「聖徳」は死後に贈られた謚号《しごう》であるが、『播磨国風土記』にそれがみえることは、道慈の唐《とう》からの帰国以前にこの謚号が贈られ、廏戸皇子崇敬の動きが高まっていたことを示している。

また、時代を示す指標に用いられるのは「〇〇天皇の御世」といった表現が一般的であるのに反し、ここでは特別に「聖徳王の御世」とあることは、のちに賀古郡から印南郡として分割される地域と廏戸皇子の密なつながりを示唆している。

これらのことは、賀古郡印南野に本貫を有した馬養造（印南野臣）氏が、廏戸皇子に馬司として仕奉したという主張を裏づける、微弱ではあるが傍証となろう。

なお、廏戸皇子の馬司に関わり、斑鳩宮の東方三キロメートル、額田部連氏の本拠・大和国平群郡額田郷の北東に、「馬司（現・奈良県大和郡山市馬司《まつかさ》町）」という古地名が分布する。十三世紀前半には存在が確かであるが、廏戸皇子の馬司との関連を想定する向きもある（『角川日本地名大辞典』二一九）。

聖徳太子の周囲の馬飼集団

このように、廏戸皇子・上宮王家や、すこしあとには高市皇子・長屋王が、家政機関に馬司を設置して馬飼集団を擁《よう》していたが、王族なら誰もがそうであったわけではない。それができたのは王位に近い有力王族であり、廏戸皇子はその最初であった。そのことには、彼の政治的位置とともに、推古天皇が倭馬飼の中心的集団・額田部《ぬかたべの》（湯坐《ゆえの》）連《むらじ》氏に養育され、蘇我氏が馬飼集団と親密であったことなどの影響も想定されよう。

廏戸皇子・上宮王家の地域基盤である斑鳩地域は平群郡に属するが、平群郡は額田部連氏や、一時期に王権の馬を管理していた平群氏の本貫であり、同族として馬工《うまみくいの》連《むらじ》氏や額田首《ぬかたのおびと》氏らの馬飼集団を擁していた。

要するに、廏戸皇子が斑鳩に遷《うつ》る前に住んだ上宮や、それに近い海柘榴《つばきち》市に置かれた王権の廏・額田部皇女の海柘榴市宮、皇子宮である斑鳩宮の周辺などには、馬飼集団・馬匹文化が濃密に存在していた。

同時に、廏戸皇子が母系でつながる蘇我氏も、馬匹文化を積極的に導入。その有力王族が「廏戸」と呼ばれる社会的・地理的条件は、十分に備わっていた。廏戸皇子の誕生が、「馬官《うまのつかさ》」に関わって語り伝えられているのも、故《ゆえ》のないことではない。『元興寺伽藍縁起幷流記資財帳』（『寧樂遺文』）に引用される塔露盤銘《とうろばんめい》には、廏戸皇子の名を「有麻移刀等刀弥々《うまやととどみみ》」と記すことから、それは「ウマヤト」と訓《よ》まれていた可能性が高い。廏戸皇子が馬匹文化や馬飼集団に囲まれていたことは事実であるが、その名の直接的な由来はなお明らかではない。

その名の由来を考察する上で、廏戸の表記を重視するならば、「〇〇戸《へ》」という氏姓が参考になる。この「戸」は「部《べ》」と混同されて解されることもあるが、本来は別であり、河内国南東部に多く分布する。具体例には、飛鳥戸《あすかへ》・春日戸《かすがへ》・橘戸《たちばなへ》・史戸《ふびとへ》など一八例ほど知られている。渡来系集団がほとんどであることから、本格的な戸籍制度の導入より早く、彼らを戸に編成して支配したことに起源するとみられている

（岸一九七三）。

皇極天皇紀元（六四二）年是歳条から、上宮王家の経済的基盤として「上宮《かみつみや》の乳部《みぶ》（壬生部《みぶべ》）」の存在が知られるが、壬生部の設置は推古天皇十五（六〇七）年二月のことである。推古天皇（額田部皇女）には額田部、廏戸皇子の母・穴穂部間人皇女には穴穂部、キサキ・橘大郎女《たちばなのおおいらつめ》との間に生まれた白髪部王《しらかべ》には白髪部があてられたように、欽明朝以降は王族の養育に名代《なしろ》をあてるのが一般的であった。ただし、廏戸皇子自身のそれは、上宮乳部以外は明らかではない。

しかし、それはわれわれの思い込みであって、廏戸皇子の周りに馬飼集団・馬匹文化が濃密に存在していたことを考えれば、すでに一部で指摘があるが（井上薫一九九六）、編戸《へんこ》された馬飼集団＝廏戸がその養育を担っていた、あるいは上宮王家の馬司に仕奉していたとみることはできないだろうか。もしそうならば、廏戸の名に対する疑問も減少しよう。

問題は、廏戸は「ウマヤト」と訓まれた可能性が高いが、右の「〇〇戸」は「〇〇ト」ではなく「〇〇へ」と訓まれていること、廏戸の氏姓が確認されていないこと、などである。こうした今後の課題も存在するが、厩戸を編戸された馬飼集団と解する余地も残しておくべきと考える。所伝が説話的であるからという理由で、人物までも虚像であると断定するのは控えるべきであろう。

斑鳩宮の馬の骨

斑鳩宮は、厩戸皇子の死去後、子の山背大兄《やましろのおおえ》王が伝領した。

次に引く皇極天皇紀二（六四三）年条は、斑鳩宮で山背大兄王を主《あるじ》とする上宮王家の一族が、権勢を誇る蘇我入鹿《いるか》の派遣した巨勢徳太臣《こせのとこだのおみ》・土師娑婆連《はじのさばのむらじ》の軍に襲われ、滅亡したことを伝える記事として周知のものである。

十月……戊午《ぼご》に、蘇我臣入鹿、独《ひと》り謀《はか》りて、上宮《かみつみや》の王等《みこたち》を廃《す》てて、古人大兄《ふるひとのおおえ》を立てて天皇とせんとす。時に、童謡《わざうた》有りて曰《い》わく、

岩《いわ》の上《へ》に　小猿米焼《こさるこめや》く　米だにも　食《た》げて通《とお》らせ　山羊《かましし》の老翁《おじ》

（蘇我臣入鹿、深く上宮の王等の威《いきおい》名《な》ありて、天下に振《ましま》すことを忌《にく》みて、独《ひと》り僭《ひとところ》

い立たんことを謀《はか》る。）……
十一月丙子朔《へいしのさく》に、蘇我臣入鹿、小徳《しょうとく》巨勢徳太臣・大仁《だいにん》土師娑婆連を遣《や》りて、山背大兄王等《ら》を斑鳩に掩《おそ》わしむ。（或本《あるふみ》に云わく、巨勢徳太臣・倭馬飼首《やまとのうまかいのおびと》を以《もっ》て将軍とすという。）是《ここ》に、奴《やつこ》三《み》成《なり》、数十《とおあまり》の舎人《とねり》と、出《い》でて拒《ふせ》き戦う。土師娑婆連、箭《や》に中《あた》りて死ぬ。……山背大兄、仍《よ》りて馬の骨を取りて、内寝《よどの》に投げ置く。遂《つい》に其《そ》の妃《みめ》、幷《ならび》に子弟《みうらがらたち》等を率《い》て、間《ひとま》を得て逃げ出でて、胆駒山《いこまやま》に隠れたまう。三輪《みわの》文屋君《ふんやのきみ》・舎人田目連《ためのむらじ》及《およ》び其《そ》の女《むすめ》・菟田諸石《うだのもろし》・伊勢阿部堅経《いせのあべのかたぶ》、従《みとも》につかえまつる。巨勢徳太臣等、斑鳩宮を焼く。灰の中《うち》に骨を見でて、誤りて王死《う》せましたりと謂《おも》いて、囲《かくみ》を解《と》きて退《しりぞ》き去る。是《これ》に由《よ》りて、山背大兄王等、四五日《よかいつか》の間《あいだ》、山に淹留《とどま》りたまいて、得喫飯《ものもえまいのぼ》らず。三輪文屋君、進みて勧《すす》めまつりて曰《もう》さく、「請《こ》う、深草屯倉《ふかくさのみやけ》に移向《ゆ》きて、玆《ここ》より馬に乗りて、東国《あずまのくに》に詣《いた》りて、乳部《みぶ》を以て本《もと》として、師《いくさ》を興《おこ》して還《かえ》りて戦《たたか》わん。其の勝たんこと必《かなら》じ」という。

要するに、蘇我馬子の娘・法提郎媛《ほうてのいらつめ》を母とする古人大兄《ふるひとのおおえ》皇子（天智・天武天皇の異母兄）の擁立を目論《もくろ》む、蘇我入鹿が派遣した軍勢に襲われた斑鳩宮の山背大兄王らは、馬骨を内寝（寝所）に投げ入れて擬装し、いったんは胆駒山（生駒山）に逃れた。従者の三輪文屋君は、上宮王家に親密な有力渡来系集団である秦《はた》氏の拠地でもある、深草屯倉（山城国紀伊《きい》郡深草郷、現・京都府京都市伏見《ふしみ》区深草）を経由して、騎馬で東国への逃避を勧《すす》めた、という。

深草屯倉に相当数の馬が日常的に飼養されていて、上宮王家がそのことを承知していたことは興味深い。

最終的には、生駒山から斑鳩寺（法隆寺）に戻り、滅亡への道を選ぶが、馬骨を用いた擬装については、たわいのない内容で事実関係も確かめられないことから、創作された稚拙《ちせつ》な説話とみるのが一般的である。

しかし、これまで述べてきたように、斑鳩地域と東・西で隣接する平群郷・額田郷が、平群氏・額田部連氏ら馬飼集団の拠地であったことを考えれば、一概《いちがい》にそれを虚構であるとは断言できないであろう。

意図的に虚構の物語を創作するならば、疑いの余地がない、より真《しん》に迫る内容としたであろう。山背大兄王が実際に馬骨を用いて擬装したかは別にしても、稚拙にみえるのは、斑鳩地域では日頃から馬骨の入手が容易であったことを顧《かえり》みないからである。この話を知った当時の人たちは、斑鳩宮あたりでは「如何《いか》にもありそうなことだ」と思ったに違いない。

重要なことは、古代人の心意《しんい》や古代社会の実態にも目を配り、記事の伝える事柄の歴史的背景を汲《く》み取り、古代史像の復原に活用することであろう。

なお、斑鳩宮襲撃に派遣された将軍は、「或本」では、巨勢徳太臣と倭馬飼首とあることも注目される。倭馬飼首は、平群郡の馬匹集団を統制、動員することが可能な立場にあったので、将軍に任じられたとも考えられる。廏戸皇子と馬飼集団の深いつながりは、その子である山背大兄王の時にも継続していたのである。

終　章　その後の蘇我氏

蘇我氏の最盛期

『記』『紀』や『風土記』を用いて古代の歴史を復原する場合、留意しなければならない点がある。それは、『記』と『風土記』は説話的記事が大半であり、『紀』はそれと実録記事が混在していることである。特に、両者が混在する『紀』の記事を同じ方法、なかでも現代的合理観にもとづいて解釈すると、思いがけない誤りに陥るおそれがある。

説話的記事は、今日《こんにち》からすれば荒唐無稽《こうとうむけい》と思われる内容が多いけれども、事実とは認められないから虚偽・捏造であると決めつけるのはあまりにも稚拙《ちせつ》である。それらは、古代の精神や表現法の特色に沿って解釈すれば、より豊かな古代史像を復原することが可能と考える。

さて、蘇我氏のことは以前から関心があり、一〇年前にも小著を試みた。そこでは、主に葛城《かつらぎ》氏および神祇関連という二つの視点から、蘇我氏について述べた。今回は、その発祥から台頭までを俯瞰《ふかん》的に描き、さらに蘇我氏と馬飼《うまかい》集団・馬匹《ばひつ》文化の関係を視点に、最盛期の実像に迫ってみた。

　以下、簡単にその論旨を摘記すれば、まず蘇我氏の発祥は、五世紀の葛城氏政権内に存在したが、いまだ第一級の地位にはいなかった。この時期の具体的な動きとしては、海外出征への従事、馬飼集団・馬匹文化の導入、王権のクラの管理に従事、玉《たま》作《つくり》集団（忌部《いんべ》氏前身集団）との親密な関係などのことが朧《おぼろ》げながらみえてきた。

　蘇我氏の台頭は、応神天皇五世孫という継体天皇の即位、継体天皇系王権の成立という六世紀前半の激動期に、平群《へぐり》氏・許勢《こせ》氏のあとを承《う》けて、蘇我稲目宿禰《いなめのすくね》が大臣《おおおみ》に任命されたことが契機であった。これは五世紀における葛城氏の職位継承者として、王権内で公的に認められたことを意味する。この継体天皇の即位に際し、「五世紀の王権が瓦解《がかい》してまったく新しい王権が構築された」という状況が読み取れないことは、王権の枠組みがそれ以前に固定化していたことを物語る。

　また、継体天皇即位をめぐる相互の具体的な交渉や、新政権の新たな政策に関する考察についても、具体的に展望を示すことができた。これらのことから、継体天皇の子の世代に、安閑・宣化両天皇と欽明天皇の政権が並立・抗争していたとする「辛亥《しんがい》の変」の主張が、成り立たないことも明らかとなった。

蘇我氏の発展は、その大臣就任が一代で終わることなく、いわば蘇我氏の家職《かしょく》として継承されたことによる。それが実現した背景には、稲目宿禰の娘・堅塩媛《きたしひめ》と小姉君《おあねのきみ》が欽明天皇に入内《じゅだい》し、のちの用明・推古・崇峻天皇らをもうけていること、大臣として継体天皇系王権の新政策である名代・屯倉・国造の設置と任命を推進したこと、などにある。これにより、継体天皇系王権の基盤が確固なものとなり、その力が飛躍的に伸長したことにあるが、蘇我氏によるこれら新政策の推進については、十分に紹介することができなかった。

次に、蘇我氏が早くに馬匹文化を導入し、馬飼集団と親縁な関係にあったことは、これまでほとんど顧みられることがなかった。そうしたなかで、「日向《ひむか》の駒《こま》」の実像について私見を提示し得たことは、古代社会の理解にも新たな視点を示すことになったと考える。

近年、実在に疑問が投げかけられている、蘇我氏系有力王族である廏戸《うまやと》皇子についても、馬飼集団との関係を見直すことで、反論の一つを提示できたと考える。特に、廏戸皇子が家政機関として馬司《うまのつかさ》を設置していたことは、廏戸の名の理解だけでなく、王族としての地位に関わって重視されよう。

古代氏族の終焉《しゅうえん》と律令制

律令制以前の古代氏族を理解するには、いくつかの基本的な留意点が存在する。

一つめは、氏族はヤマト王権内部の存在であり、外部には存在しないことである。彼らは、倭《わ》国王＝天皇から氏《うじ》の名《な》と姓《かばね》が与えられて王権の成員となり、王権を構成した。なかでも有力な氏族の首長は、成員であったことの証《あかし》として、前方後円墳を築くことが認められた。蘇我氏も例外ではなく、王位継承問題などで王族と対峙《たいじ》することはあっても、王権の転覆《てんぷく》を企図《きと》していたとは思われない。

皇極天皇紀四（六四五）年六月戊申《ぼしん》条の、蘇我入鹿《いるか》を滅ぼしたあと、皇極天皇に答えた中大兄《なかのおおえ》皇子の言《げん》は、そのことに関わって理解されてきた。しかし、その「鞍作《くらつくり》（蘇我入鹿）、天宗《きみたち》（天皇家）を尽《つく》し滅《ほろぼ》して、日位《ひつぎのくらい》（天皇の位《くらい》）を傾《かたぶ》けんとす。豈《あに》天孫《あめみま》（天照大神の子孫）を以《もっ》て鞍作に代《か》えむや」という言葉が、実はそれを意味したものでなかったことは、機会を改めて述べる予定である。

二つめは、国家制度としての官司《かんし》や官僚はほとんど存在しなかったことである。氏族の系譜・氏の名・姓は、王権においてその氏族が伝統的に担っていた職掌と地位、すなわち氏族の歴史を示し、次の世の職位を保証するものとして重要視された。推古朝頃からは徐々に政治的機構が整備されていったとみられるが、それでも基本的には氏族が官司・官僚の役割を担っていた。

皇極天皇紀四年六月己酉《きゆう》条に、蘇我蝦夷《えみし》らが殺されようとした際、「天皇記《すめらみことのふみ》・国記《くにつふみ》・珍宝《たからもの》」などを焼いたとある。「天皇記・国記」は、推古天皇紀二十八（六二〇）年是歳条に、廏戸皇子と嶋大臣《しまのおおおみ》（蘇我馬子《うまこ》）がともに議《はか》って編纂したと伝えられる。それが蘇我蝦夷邸にあったのは、蘇我氏が国家の貴重品を私物化していたのではなく、王権の事業が大臣の邸宅で進められ、完成後もそこに保管されていたことを示している。大臣の邸宅は、王権の公的場所でもあった。

乙巳《いっし》の変で蝦夷・入鹿の蘇我氏本宗《ほんぞう》は滅びるが、傍系《ぼうけい》の蘇我雄当《おまさ》（倉麻呂《くらまろ》）の系統は、後世まで生き延《の》びた。なかでも、子の連子《むらじこ》の系統は、天武天皇十三（六八四）年までに氏の名を石川《いしかわ》に改めることが王権に認められ、それ以降は石川氏として命《めい》脈《みゃく》を保持した。このことを、どう評価するべきであろうか。

蘇我氏の石川氏改姓と前後して、朱鳥《あかみとり》元（六八六）年までに物部《もののべ》氏は石上《いそのかみ》氏へ、中臣《なかとみ》氏も天智天皇八（六六九）年に鎌足《かまたり》が、文武天皇二（六九八）年には子・不比等《ふひと》の系統が、藤原氏への改姓が認められた。鎌足を除くこれらの改姓は、持統天皇三（六八九）年の飛鳥浄御原令《あすかきよみはらりょう》の施行や同八年の藤原宮への遷都に象徴される、律令国家形成に対応した動きでもあった。

これにより、彼らは新たな律令官制に対応した官僚氏族に再生した。半面、それは古代王権から、氏の名をもって世々の職位を保証されてきた、負名氏《なおいのうじ》としての伝統的特権の放棄でもあった。そこでは、かつて王権に参画した氏族たちの躍動的な活動は影をひそめ、都市に集住する官僚らの、権力に諂《へつら》い職位を競う陰鬱《いんうつ》な日々が展開されることになった。

蘇我氏は石川氏として存続するけれども、もはや古代氏族と、その精神は終焉したといってよいだろう。

おわりに

古代国家形成期の中心に位置した蘇我氏の盛衰を描くことは、容易ではない。本書で述べたことはその一部に過ぎず、加えてこれまでの蘇我氏理解とは異なる点も少なくない。

また、蘇我氏のもう一つの特徴である仏教の受容と、それをめぐる物部氏との対立、および乙巳の変で蘇我氏本宗家が滅ぼされる直接的な理由などの問題については、紙幅の関係から触れることができなかった。これらはいずれ、別の形で述べたい。

私事にわたるが、二〇一七年三月末で定年に達し、退職した。学窓をあとにした際、「六〇歳までに単著一冊」を目標に古代史研究に進むことを決意して、四六年が経過した。それが今日に至ることができたのは、芳名掲出は控えるが、多くの方々のご指導とご援助、ご厚誼のおかげである。紙面をお借りして、感謝とお礼を申し上げます。

今回も、祥伝社新書編集部の飯島英雄氏にはお世話になった。改めてお礼を申し上げます。
本書が、古代国家形成期である激動の六・七世紀史の理解深化に、すこしでも寄与するところがあれば幸いである。

二〇一七年文月

筆者記す

参考文献

事典・辞典

『角川日本地名大辞典』二九奈良県 角川書店 一九九〇年
『日本民俗事典』弘文堂 一九七二年
『日本民俗大辞典』上 吉川弘文館 一九九九年
『日本歴史地名大系』二九兵庫県の地名Ⅱ 平凡社 一九九九年
『日本歴史地名大系』三〇奈良県の地名 平凡社 一九八一年

自治体史

『大阪府史』一 大阪府 一九七八年
『四條畷市史』第五巻（考古編） 四條畷市 二〇一六年
『太子町史』一 兵庫県太子町 一九九六年
『和歌山県史 考古資料』和歌山県 一九八三年

地図・図録・報告書

大阪市文化財協会編『難波宮址の研究』九　一九九一年
大阪府立近つ飛鳥博物館編『河内湖周辺に定着した渡来人』二〇〇六年
大阪府立近つ飛鳥博物館編『南九州とヤマト王権』二〇一二年
大阪府立狭山池博物館編『河内の開発と渡来人』二〇一六年
大阪府立弥生文化博物館編『王の居館を探る』二〇〇二年
大阪府立弥生文化博物館編『日向・薩摩・大隅の原像』二〇〇七年
大阪府立弥生文化博物館編『倭人がみた龍』二〇〇九年
香芝市二上山博物館編『木棺と木簡』二〇〇九年
堅田直編『東大阪市日下遺跡調査概要』帝塚山大学考古学研究室　一九六七年
元興寺文化財研究所編『南曽我遺跡　平成二〇年度発掘調査報告書』二〇一二年
京都大学文学部考古学研究室編『大谷古墳』和歌山市教育委員会　一九五九年
国立歴史民俗博物館編『装飾古墳の世界』朝日新聞社　一九九三年
埼玉県教育委員会編『稲荷山古墳出土鉄剣金象嵌銘概報』一九七九年
四條畷市立歴史民俗資料館編『馬は船に乗って』二〇〇九年
田原本町教育委員会編『弥生の絵画』（田原本の遺跡四）二〇〇六年
田原本町教育委員会編『田原本の埴輪』（田原本の遺跡五）二〇〇七年

奈良県立橿原考古学研究所編『大和国条里復原図』吉川弘文館　一九八一年
奈良県立橿原考古学研究所編『奈良県遺跡調査概報　一九八二年』第二分冊　一九八三年
奈良県立橿原考古学研究所編『奈良県遺跡調査概報　一九八三年』第一分冊　一九八四年
奈良県立橿原考古学研究所編『斑鳩藤ノ木古墳概報』吉川弘文館　一九八九年
奈良県立橿原考古学研究所附属博物館編『はにわの動物園』Ⅰ・Ⅱ　一九九〇・一九九一年
奈良県立橿原考古学研究所附属博物館編『はにわ人と動物たち』二〇〇八年
奈良国立文化財研究所編『平城宮発掘調査出土木簡概報』六　一九六九年
奈良国立文化財研究所編『平城宮発掘調査報告』Ⅸ　一九七八年
奈良国立文化財研究所編『平城宮発掘調査出土木簡概報』二一～二八　一九八九年～一九九三年
奈良国立文化財研究所編『平城京長屋王邸宅と木簡』吉川弘文館　一九九一年
奈良国立文化財研究所飛鳥資料館編『飛鳥寺』一九八六年
東大阪市文化財協会編『みかん山古墳群第一次発掘調査報告書』二〇〇一年
ＭＩＨＯ　ＭＵＳＥＵＭ編『古代バクトリア遺宝展図録』二〇〇二年
歴史に憩う橿原市博物館編『新堂遺跡（橿教委二〇一六―二次）発掘調査の成果』二〇一七年

著書・論文

青木和夫・稲岡耕二・笹山晴生・白藤禮幸校注『続日本紀』一（新日本古典文学大系一二）岩波書店　一九八九年
秋本吉郎校注『風土記』（日本古典文学大系二）岩波書店　一九五八年
アレクセイ・オクラードニコフ著、加藤九祚・加藤晋平訳『シベリアの古代文化』講談社　一九七四年
家永三郎「歴史上の人物としての聖徳太子」『聖徳太子集』岩波書店　一九七五年
家永三郎・築島裕校注「上宮聖徳法王帝説」『聖徳太子集』岩波書店　一九七五年
石井公成『聖徳太子　実像と伝説の間』春秋社　二〇一六年
石上英一「大蔵省成立史考」『日本古代の社会と経済』上　吉川弘文館　一九七八年
井上薫「聖徳太子『異名』論」『歴史読本』一九九六年十二月号
井上辰雄『隼人と大和政権』学生社　一九七四年
井上亘「十七条憲法と聖徳太子」『古代文化』六四巻四号　二〇一三年
岩本次郎「木上と片岡」『長屋王家・二条大路木簡を読む』吉川弘文館　二〇〇一年
植垣節也校注・訳『風土記』（新編日本古典文学全集五）小学館　一九九七年
上田正昭『日本古代国家論究』塙書房　一九六八年
上田正昭「飛鳥朝の象徴　聖徳太子とその群像」『上田正昭著作集』七　角川書店　一九九九年（初出は一九七八年）

大橋信弥『継体天皇と即位の謎』吉川弘文館　二〇〇七年
大平聡『聖徳太子』（日本史リブレット人四）山川出版社　二〇一四年
大山誠一『長屋王家木簡と金石文』吉川弘文館　一九九八年
大山誠一『〈聖徳太子〉の誕生』（歴史文化ライブラリー六五）吉川弘文館　一九九九年
大山誠一「聖徳太子の解明に向けて」「『日本書紀』の構想」『聖徳太子の真実』（平凡社ライブラリー）
平凡社　二〇〇三年
大山誠一「記紀の編纂と〈聖徳太子〉」『日本書紀の謎と聖徳太子』平凡社　二〇一一年
大和岩雄『十字架と渦巻』白水社　一九九五年
岡田精司『古代王権の祭祀と神話』塙書房　一九七〇年
置田雅昭「布留川のまつり」『大和の国と天理の歴史』天理大学学術研究会　一九八五年
沖森卓也・佐藤信・矢嶋泉『上宮聖徳法王帝説　注釈と研究』吉川弘文館　二〇〇五年
笠井倭人『古代の日朝関係と日本書紀』吉川弘文館　二〇〇〇年
加藤謙吉『蘇我氏と大和王権』（古代史研究選書）吉川弘文館　一九八三年
加藤謙吉『吉士と西漢氏』白水社　二〇〇一年
加藤謙吉『ワニ氏の研究』（日本古代氏族研究叢書三）雄山閣　二〇一三年
門脇禎二「蘇我氏の出自について」『日本の中の朝鮮文化』一二　一九七一年

門脇禎二『新版 飛鳥 その歴史と風土』日本放送出版協会 一九七七年
金井塚良一『馬冑が来た道』吉川弘文館 二〇〇八年
川尻秋生「飛鳥・白鳳文化」岩波講座『日本歴史』第二巻 古代二 岩波書店 二〇一四年
神澤勇一「日本の卜骨」『考古学ジャーナル』二八一 一九八七年
岸俊男『日本古代政治史研究』塙書房 一九六六年
岸俊男『日本古代籍帳の研究』塙書房 一九七三年
岸本直文「河内山大塚古墳の基礎的検討」『ヒストリア』二二八 二〇一一年
喜田貞吉「継体天皇以下三天皇皇位継承に関する疑問」『論集日本文化の起源』二 平凡社 一九七一年
木下尚子『南東貝文化の研究 貝の道の考古学』法政大学出版局 一九九六年
久米邦武『上宮太子實録』井洌堂 一九〇五年
久米邦武『聖徳太子の研究』(久米邦武歴史著作集一) 吉川弘文館 一九八八年
クライナー・ヨーゼフ「車田雑考」『隼人文化』一〇 一九八二年
倉本一宏『日本古代国家成立期の政権構造』吉川弘文館 一九九七年
倉本一宏「大王の朝廷と推古朝」岩波講座『日本歴史』第二巻 古代二 岩波書店 二〇一四年
倉本一宏『蘇我氏』(中公新書) 中央公論新社 二〇一五年
倉本一宏「大王と地方豪族」『大学の日本史1 古代』山川出版社 二〇一六年

国立歴史民俗博物館編『装飾古墳が語るもの』吉川弘文館　一九九五年
神野志隆光『複数の「古代」』（講談社現代新書）講談社　二〇〇七年
佐伯有清「馬の伝承と馬飼の成立」『馬』社会思想社　一九七四年
佐伯有清『新撰姓氏録の研究』考證篇 第二 吉川弘文館　一九八二年
坂本太郎『聖徳太子』（人物叢書一七八）吉川弘文館　一九七九年
坂元義種「木満致と木劦満致と蘇我満致」『韓』一一六　一九九〇年
笹川尚紀「平群氏の研究」『グローバル化時代の多元的人文学の拠点形成』第三回報告書・下巻　二〇〇五年
佐藤健太郎『日本古代の牧と馬政官司』塙書房　二〇一六年
佐藤長門『日本古代王権の構造と展開』吉川弘文館　二〇〇九年
佐藤信編『大学の日本史1 古代』山川出版社　二〇一六年
篠川賢『日本古代国造制の研究』吉川弘文館　一九九六年
篠川賢『継体天皇』（人物叢書）吉川弘文館　二〇一六年
柴田博子「古代南九州の牧と馬牛」『牧の考古学』高志書院　二〇〇八年
下野敏見「隼人落穂集2」『隼人文化』九　一九八一年
ジョーン・ハリファクス著、松枝到訳『シャーマン』平凡社　一九九二年

ジル・パース著、高橋巌訳『螺旋の神秘』平凡社　一九七八年
新川登亀男『聖徳太子の歴史学』（講談社選書メチエ）講談社　二〇〇七年
鈴木靖民『日本古代国家形成と東アジア』吉川弘文館　二〇一一年
鈴木靖民『倭国史の展開と東アジア』岩波書店　二〇一二年
曾根正人『聖徳太子と飛鳥仏教』（歴史文化ライブラリー）吉川弘文館　二〇〇七年
積山洋・南秀雄「ふたつの大倉庫群」『クラと古代王権』ミネルヴァ書房　一九九一年
千田稔『うずまきは語る』福武書店　一九九一年
辰巳和弘『地域王権の古代学』白水社　一九九四年
舘野和己「畿内のミヤケ・ミタ」『新版　古代の日本』五　角川書店　一九九二年
田中卓『日本国家の成立と諸氏族』（田中卓著作集二）国書刊行会　一九八六年
田中嗣人「聖徳太子実在否定論について」『聖徳太子の実像と幻像』大和書房　二〇〇二年
田中史生「飛鳥寺建立と渡来工人、僧侶たち」『古代東アジアの仏教と王権』勉誠出版　二〇一〇年
田村圓澄『日本仏教史』一　飛鳥時代　宝蔵館　一九八二年
次田潤『祝詞新講』明治書院　一九二七年（第一書房より一九八六年再刊、戎光祥出版より二〇〇八年新版刊行）
告井幸男「名代について」『史窗』七一　二〇一四年

寺崎保広『長屋王』（人物叢書）吉川弘文館　一九九九年
遠山美都男『蘇我氏四代』ミネルヴァ書房　二〇〇六年
遠山美都男『蘇我氏と飛鳥』吉川弘文館　二〇一七年
直木孝次郎『日本古代国家の構造』青木書店　一九五八年
直木孝次郎『日本古代の氏族と天皇』塙書房　一九六四年
直木孝次郎「応神天皇朝で変わる日本古代史」『史聚』四七　二〇一四年
中田祝夫編『上宮聖徳法王帝説』勉誠社　一九八一年
中村明蔵『隼人の研究』学生社　一九七七年
中村明蔵『隼人の楯』学生社　一九七八年
中村明蔵『熊襲・隼人の社会史研究』名著出版　一九八六年
中村喬『続 中国の年中行事』平凡社　一九九〇年
中村英重『古代祭祀論』（古代史研究選書）吉川弘文館　一九九九年
中村裕一『中国古代の年中行事』第一冊春　汲古書院　二〇〇九年
仁藤敦史「額田部氏の系譜と職掌」『国立歴史民俗博物館研究報告』八八　二〇〇一年
仁藤敦史「継体天皇」『日出ずる国の誕生』（古代の人物一）清文堂出版　二〇〇九年a
仁藤敦史「古代王権と後期ミヤケ」『国立歴史民俗博物館研究報告』一五二　二〇〇九年b

野島稔「河内の馬飼」『万葉集の考古学』筑摩書房　一九八四年
野島稔「王権を支えた馬」『牧の考古学』高志書院　二〇〇八年
橋口達也「護法螺と直弧文」『図像の考古学　紋様は語る』大阪府文化財調査研究センター　一九九八年
林屋辰三郎『古代國家の解體』東京大学出版会　一九五五年
伴信友『伴信友全集』二　国書刊行会　一九〇九年
東アジア恠異学会編『亀卜』臨川書店　二〇〇六年
日野昭『日本古代氏族伝承の研究』永田文昌堂　一九七一年
平林章仁「国造制の成立について」『龍谷史壇』八三　一九八三年
平林章仁『鹿と鳥の文化史』白水社　一九九二年
平林章仁『蘇我氏の実像と葛城氏』白水社　一九九六年
平林章仁「古代の王寺」『新訂　王寺町史』王寺町　二〇〇〇年
平林章仁『七世紀の古代史』白水社　二〇〇二年
平林章仁『謎の古代豪族　葛城氏』（祥伝社新書）祥伝社　二〇一三年
平林章仁『天皇はいつから天皇になったか？』（祥伝社新書）祥伝社　二〇一五年a
平林章仁『「日の御子」の古代史』塙書房　二〇一五年b
藤井重寿「隼人豆手帖　其一」『隼人文化』創刊号　一九七五年

藤田経世編『校刊美術史料』寺院篇上巻　中央公論美術出版　一九七二年
藤田英夫『装飾古墳に描かれた渦巻紋と輪廻転生』雄山閣　二〇一二年
藤田道子「蔀屋北遺跡の渡来人と牧」『ヒストリア』二三九　二〇一一年
古市晃「五・六世紀における王宮の存在形態」『日本史研究』五八七　二〇一一年
古市晃「聖徳太子の名号と王宮」『日本歴史』七六八　二〇一二年
北郷泰道「日向」『日本古代史地名事典』雄山閣　二〇〇七年
前沢和之「古代の皮革」『古代国家の形成と展開』吉川弘文館　一九七六年
間壁忠彦・間壁葭子『日本史の謎・石宝殿』六興出版　一九七八年
益田宗「欽明天皇十三年仏教渡来説の成立」『日本古代史論集』上　吉川弘文館　一九六二年
松村武雄『日本神話の研究』第四巻綜合研究篇　培風館　一九五八年
丸山真史・藤田三郎「唐古・鍵遺跡出土の古墳時代中期の馬骨について」『田原本町文化財調査報告』
二二　二〇一四年
丸山真史「古墳時代の馬の普及と飼育・管理」『古代学研究』二〇八　二〇一六年
三品彰英『日本書紀朝鮮関係記事考證』下巻　天山舎　二〇〇二年
水谷千秋『継体天皇と古代の王権』（日本史研究叢刊九）和泉書院　一九九九年
水谷千秋『謎の豪族　蘇我氏』（文春新書）文藝春秋　二〇〇六年

水野柳太郎『日本古代の寺院と史料』吉川弘文館　一九九三年
木簡学会編『木簡研究』二五　二〇〇三年
桃崎祐輔「古墳に伴う牛馬供犠の検討」『古文化談叢』三一　一九九三年
森公章「額田部氏の研究」『国立歴史民俗博物館研究報告』八八　二〇〇一年
森貞次郎『装飾古墳』教育社　一九八五年
森田克行『今城塚と三島古墳群』（日本の遺跡七）同成社　二〇〇六年
森田悌『長屋王の謎』河出書房新社　一九九四年
森田悌『推古朝と聖徳太子』岩田書院　二〇〇五年
安田初雄「古代における日本の放牧に関する歴史地理的考察」『福島大学学芸部論集』一〇　一九五九年
柳田國男『定本　柳田國男集』第十三巻　筑摩書房　一九六九年
山尾幸久『古代の日朝関係』塙書房　一九八九年
山尾幸久「信仰的聖徳太子像の史的再吟味」『聖徳太子の実像と幻像』大和書房　二〇〇二年
義江明子『古代王権論』岩波書店　二〇一一年
吉川真司『飛鳥の都』（岩波新書）岩波書店　二〇一一年
吉田晶『古代日本の国家形成』新日本出版社　二〇〇五年

吉田一彦『古代仏教をよみなおす』吉川弘文館　二〇〇六年
吉田一彦『仏教伝来の研究』吉川弘文館　二〇一二年
吉村武彦『聖徳太子』（岩波新書）岩波書店　二〇〇二年
和田萃「ワニ坂とワニ氏」『東大寺山古墳と謎の鉄刀』雄山閣　二〇一〇年
渡里恒信『日本古代の伝承と歴史』思文閣出版　二〇〇八年
渡里恒信「上宮と厩戸」『古代史の研究』一八　二〇一三年

切りとり線

★読者のみなさまにお願い

この本をお読みになって、どんな感想をお持ちでしょうか。祥伝社のホームページから書評をお送りいただけたら、ありがたく存じます。今後の企画の参考にさせていただきます。また、次ページの原稿用紙を切り取り、左記まで郵送していただいても結構です。

お寄せいただいた書評は、ご了解のうえ新聞・雑誌などを通じて紹介させていただくこともあります。採用の場合は、特製図書カードを差しあげます。

なお、ご記入いただいたお名前、ご住所、ご連絡先等は、書評紹介の事前了解、謝礼のお届け以外の目的で利用することはありません。また、それらの情報を6カ月を越えて保管することもありません。

〒101－8701（お手紙は郵便番号だけで届きます）
祥伝社新書編集部
電話03（3265）2310
祥伝社ホームページ　http://www.shodensha.co.jp/bookreview/

★本書の購買動機（新聞名か雑誌名、あるいは○をつけてください）

＿＿＿＿新聞の広告を見て	＿＿＿＿誌の広告を見て	＿＿＿＿新聞の書評を見て	＿＿＿＿誌の書評を見て	書店で見かけて	知人のすすめで

★100字書評……蘇我氏と馬飼集団の謎

名前

住所

年齢

職業

平林章仁　ひらばやし・あきひと

元・龍谷大学教授、博士(文学)。1948年、奈良県生まれ。1971年、龍谷大学文学部史学科卒業。龍谷大学仏教文化研究所客員研究員を経て、同大学文学部歴史学科教授。2017年、定年退職。専門は日本古代史、特に神話・古代宗教・氏族など。著作に『蘇我氏の実像と葛城氏』『鹿と鳥の文化史』(以上、白水社)、『神々と肉食の古代史』(吉川弘文館)、『「日の御子」の古代史』(塙書房)、『謎の古代豪族 葛城氏』『天皇はいつから天皇になったか？』(以上、祥伝社新書)などがある。

蘇我氏《そがし》と馬飼集団《うまかいしゅうだん》の謎《なぞ》

平林章仁《ひらばやしあきひと》

2017年8月10日　初版第1刷発行

発行者……………辻 浩明
発行所……………祥伝社しょうでんしゃ
〒101-8701　東京都千代田区神田神保町3-3
電話　03(3265)2081(販売部)
電話　03(3265)2310(編集部)
電話　03(3265)3622(業務部)
ホームページ　http://www.shodensha.co.jp/

装丁者……………盛川和洋
印刷所……………萩原印刷
製本所……………ナショナル製本

Printed in Japan　ISBN978-4-396-11513-5　C0221

〈祥伝社新書〉
古代史

316
古代道路の謎
奈良時代の巨大国家プロジェクト

巨大な道路はなぜ造られ、廃絶したのか? 文化庁文化財調査官が解き明かす

文化庁文化財調査官 近《おお》江《み》俊《とし》秀《ひで》

423
天皇はいつから天皇になったか?

天皇につけられた鳥の名前、天皇家の太陽神信仰など、古代天皇の本質に迫る

元・龍谷大学教授 平林章《あき》仁《ひと》

326
謎の古代豪族 葛城《かつらぎ》氏

天皇家と並んだ大豪族は、なぜ歴史の闇に消えたのか?

平林章仁

510
渡来氏族の謎

秦《はた》氏、東 漢《やまとのあや》氏、西 文《かわちのふみ》氏、難波吉士《なにわのきし》氏など、厚いヴェールに覆《おお》われた実像を追う

歴史学者 加藤謙吉

370
神社が語る古代12氏族の正体

神社がわかれば、古代史の謎が解ける!

歴史作家 関 裕二